動画とパワーポイントですぐできる！

ストレスマネジメント
フォ ザ ネクスト
for the next!

ストレスマネジメント教育実践研究会（PGS）編

はじめに

　現在、ストレスはなじみのある言葉となっています。働く人たちに対するストレスチェックの義務化などは、多くの人にとって、ストレスがごく普通に理解されていることのひとつの現れだと思えます。最近では、ストレスは自己管理の範囲にあるという考えも広がってきており、ストレスマネジメントという言葉もよく耳にします。

　関西を中心に学校現場でストレスマネジメント教育を実施し、2002年には「ストレスマネジメント・テキスト」と「ストレスマネジメント・ワークブック」を、そして2003年において「ストレスマネジメント フォ キッズ」を東山書房から発刊しました私たちにとっては、現在のストレスマネジメントの普及は心より喜ばしいことと受け取っています。しかしながら、人はそれぞれに違う環境にあり、違う心象世界の中で生活しています。この事実は、ストレスマネジメント教育の難しさを示しています。ストレスマネジメント教育では、さまざまなコーピング法を学びます。とはいえ、小学校1年生に中学校1年生のコーピングを教えても実践できません。同じ年代の子どもの中でも男女の違いで有効なコーピング法が違ってくることはありえるでしょう。また、人に話しかけるコーピングとイライラを抑えるコーピングには違いがあります。すなわち、対する人によって効果的なコーピングは違い、状況が変わることでも効果の違いが生じることはあるということです。

　では、ストレスマネジメント教育では何を教えたら良いのでしょうか。以前は、たくさんのコーピング法を学ぶ包括的ストレスマネジメント教育が良いとされていました。たくさん学べばコーピングの引き出しが増え、状況に応じて引き出しから適切なコーピングを取り出して使用することができるという考えは理にかなっています。私もその方面でストレスマネジメント教育デビューをしました。しかし考えてみるとあまり現実的ではありません。嫌なことをされて悩んでいる子どもに対して「それでは刺激の受け取り方から学び、リラクセーションも身につけてみましょう」というのはおかしな話です。まずは『やめて』とアサーティブになったり、周囲のサポートを得ようとしたりするコーピングを教える方が良いはずです。おそらく、新しくストレスマネジメント教育法を学ぼうとする先生がたは何をどのように教えたら良いのかから悩んでしまうことでしょう。そこで秘訣というか結論を述べておきます。目の前の子どもが必要とするひとつかふたつのコーピングを即座に教えるということが大切ではないでしょうか。クラス内の喧嘩を減らすようにしたいならアンガーマネジメント的な教育を集団で、保健室で友だちとの付き合いについて相談する子どもには、まずはリラックスして落ち着いた考えができるように導きそして自分の思いを見直す認知の修正作業を行わせるというように、その場で役立ちそうなコーピングを伝えることが子どもたちの利益に繋がるはずです。

　先程お話に出しました私たちストレスマネジメント教育の研究と実践を求めた集まり、「ストレスマネジメント教育実践研究会（Practitional Group of Stress Management Education, PGS）」は、いかにして子どもたちのストレス低減に役立つかを、なんと20年弱にわたって追求してきました。月に1回の会合を継続し、学校で実践している活動の報告や新しい行動科学の勉強会などを飽きることなくやってきました。そして増えていく白髪の数と競争するように、ストレスマネジメント教育の実践力やレパートリーも増やしてきました。その経緯の中で、ストレスマネジメント教育は対症療法的な方が子どもには役立ちやすいということを知り、思いつくままに見出した新たなストレスマネジメント教育の内容を分かち合ってきました。

　本書はその20年弱の成果ですと言うのは大げさすぎますが、今ある知識と実践内容をお伝えすることを使命としています。とはいうものの、実はすごく楽しみながらやってきたら「ここにいた」というようなものでして、ひとつの経過報告として書かれたものです。しかしいざ作りあげると、従来のオーソドックスなストレスマネジメント教育の内容だけでなく、新しい認知行動療法のひとつである Acceptance and Commitment Therapy（ACT）を応用していたり、学校におけるさまざまな場面に対応していたりと、真新しいストレスマネジメント教育といえる内容になっていました。そのため、本書は『ストレスマネジメント フォ ザ ネクスト』という次代を担う子どもたちのための、次世代型ストレスマネジメントを目指したタイトルにしました。

　本書の特徴は、これからストレスマネジメント教育をしてみようと思われる先生がたにとって、わかりやすく活用しやすい内容を提供できるように工夫を施しているところにあります。その工夫のひとつがパワーポイントを用いたプレゼンテーション形式です。パワーポイントをそのまま活用すれば、すぐにでもストレスマネジメント教育が行えるようになっています。さらなる工夫は、教育内容が集団と個別に区分されていることです。クラスで行う場合と保健室などで個別に行う場合に区別することで、活用できる範囲が広げられています。第1章はストレスについての基礎的な知識をパペットを用いた動画で説明しています。パペット作成や実際の動作と声はPGSの先生方と私、そして編集者の山崎智子さんという本書に関わるすべての人材をフルに活用して作成されました。実のところ、大変でしたがとても楽しい作業でした。良い大人の皆が童心に帰っていました。第2章は個人対象のストレスマネジメント教育に特化した内容です。保健室（あるいは相談室など）で実施可能な教育となっています。第3章は集団を対象とした15分程度の内容です。朝の会や健康診断前後、あるいは授業の合間などで活用できるように考えました。第4章は授業で行う1単位時間の内容です。時間的に長い分、系統的な教育を行えるようになっています。第5章は紙芝居「ぞうのアリス」を使ったストレスマネジメント教育です。「ぞうのアリス」は前田ひろ美先生が工夫されてきた独創的

な教育内容ですが、本来の1単位時間の内容に加えて20分程度のテーマ別教育が含まれています。かわいい動物たちの絵を通して、小学生低学年も理解できるようになっています。

　このように学校現場におけるさまざまな場面に応じた活用ができるように工夫されていますが、あらためてお伝えしなければならないことがあります。ストレスマネジメントに取り組もうとされる先生がたは、子どもたちのストレスの程度を知りたいでしょうし、あの子はどのようなコーピングをどの程度得意としているのかといったことに思いが及ぶでしょう。なによりストレスマネジメント教育の効果を知るためにストレス関連の測定が必要とお考えになるでしょう。まさしくそれは正しいお考えです。そう、正しいのですが、本書籍は『すぐに実践』を目指していますので、そのような測定尺度は掲載されていません。測定できるとしたら気分尺度くらいでしょうか。もしストレス関連の測定をと望まれるなら、姉妹書の「ストレスマネジメント・テキスト」、「ストレスマネジメント・ワークブック」、「ストレスマネジメント フォ キッズ」を参考にしていただければと願っております。そして付け加えさせていただきますと、ストレスの程度やストレスマネジメント教育の効果については、保健室に来る頻度とか、喧嘩やいざこざや割られた窓ガラスの数、教室で見られる散らかし様、子どもたちの間の言葉の使い方などの変化で知ることができます。子どもの様子を知り、ストレスマネジメント教育によってどのような変化があったかを観察することで、数値に現れない『生』の、そして先生がたの目の前の『そこにある状態』を知ることができるということを覚えていただければと思っています。

　と、以上のように少し偉そうに「はじめに」にしては長い文章を書かせていただきましたが、本書の内容はすべて教室や保健室で活動されている先生がたの成果であり、私自身は教えていただくことばかりでした。あらためて執筆された先生がたに畏敬の念と感謝の気持ちを伝えさせていただきます。また、東山書房の山崎智子さんのお力がなくては本書の制作はなされなかったはずです。パワーポイントのアイデアは山崎さんのご提案によるものであり、ぎりぎりになっても原稿を作成していない私にハラハラしながらも忍耐強く待っていただいたことで、ようやくPGSの新たな書籍を提出することができました。本当に感謝の念に絶えません。ありがとうございました。

　そして最後に、読者の方たちには、子どもたちのためのストレスマネジメント教育への扉を躊躇いなく「さっと」開いて、すぐにでもその効果を実感していただけることを心より願っております。

　　　　　　　　　　　　　　　　　　大野太郎（ストレスマネジメント教育実践研究会）

目　次

はじめに　　3

第 1 章　ストレスってなに？〜ストレスの基礎〜 ……………………………… 9

第 2 章　個人を対象に行うストレスマネジメント教育 ………………………… 13

- ① 友だちからのからかいと不定愁訴　　14
- ② イライラして落ちつかない　　17
- ③ すぐに暴力をふるってしまう　　20
- ④ 友だちに無視されるようになった　　23
- ⑤ クラスの仲間とのトラブル　　26
- ⑥ ストレスによる過呼吸発作　　29
- ⑦ 休み時間ごとに頻回に来室する　　32
- ⑧ 陰口が気になり教室にいられない　　35
- ⑨ イライラして頭痛を感じ保健室へ来室した　　40
- ⑩ 友人の挙動が気になり授業に集中できない　　43
- ⑪ 異性の友だちとの会話　　46
- ⑫ スポーツ強化選手の気分不良と不安　　49
- ⑬ 進路及び定期試験への不安と緊張　　51

第 3 章　集団を対象に15分程度で行うストレスマネジメント教育 ………… 53

- ① ウォーキング＆リラックス　　54
- ② 約束を破られたときの伝え方　　58
- ③ お笑いポイントをあつめよう　　61
- ④ リラクセーションしてみよう　　64
- ⑤ 聞いて！　聞いて！　ヘルプ・ミー　　73
- ⑥ ものの見方で気持ちが楽に　　77

第 **4** 章　集団を対象に１単位時間で行うストレスマネジメント教育 ………… 81

① そのときストップ法　あとでスッキリ法　82

② STOP！　イライラ大作戦　89

③ ネガティブ感情とつきあうコツ　95

④ ストレスマネジメント概論1　ストレスって何だろう？　105

⑤ ストレスマネジメント概論2　コーピングの宝箱　112

第 **5** 章　紙芝居「ぞうのアリス」を使ったストレスマネジメント教育 ……… 123

① ぞうのアリス〜腹がたったとき、どうする？〜　124

② ウサギさんのごめんなさい　133

③ タヌキの呼吸法　139

④ ストレスの流れ　おしえるね　143

⑤ わたしたちのソーシャルサポーター　149

参考文献　155

索引　156

第1章

ストレスってなに？
～ストレスの基礎～

♥ ストレスの基礎をパワーポイント教材と動画で紹介します。

♥ パワーポイント教材は編集可能です。学校の実態に合わせてアレンジして活用してください。

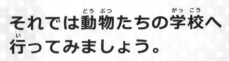

進行上のポイント

をクリックして動画「ストレスってなに？」へ誘導します。
留意点）パワーポイント教材をお使いの PC にダウンロードして使用する場合や編集を加える際には、再度動画へのハイパーリンクの設定を行ってください。

ストレスってなに？

1話 ストレスについて知ろう　～静かなはずの図書室～
（2：41）

2話 ストレス反応って？　～宿題忘れた～
（4：05）

3話 ストレスマネジメント
（3：46）

パペット制作：tanatus

第2章

個人を対象に行う ストレスマネジメント教育

♥ 主に保健室等で5分程度で行うことのできるパワーポイント教材です。

♥ 児童生徒によくある事例に即した教材になっています。

♥ パワーポイント教材は編集可能です。子どもの実態に合わせてアレンジして活用してください。

① 友だちからのからかいと不定愁訴

対象 低学年 中学年 高学年 中学生 高校生

● 事例

母親とAさんが保健室に入ってきた。最近、学校へ行きたがらないので学校まで送ってきたという。教室に近づくにつれ足が止まり、弱々しい声で「しんどい」と訴える。ここ数日、Aさんは連続して、頭痛や腹痛などの不定愁訴によって頻回に来室していた。
また、下校時に通る公園内で、活発な子どもたちから大きな声でからかわれたと、養護教諭は報告を受けたところだった。

キーワード　からかい　ストレッサー　頻回来室

1. ねらい

- 自分を守る対処方法として、その場から立ち去ることや、「やめて」と声に出す行動ができるようになる。

2. 指導者の思い・児童生徒へ伝えたいこと

小学校低学年の子どもは、ストレッサーに対して、どのような対処行動をとれば良いのか学習していないことが多い。そのため、困ったできごとに遭遇すると脅威が増して、不安が高まったり身体症状を示したりと、ストレス反応が表われやすい。対人関係の苦手な子どもほど顕著に示す傾向がある。この保健指導により、少しでも生活適応ができることを期待する。

3. 準備するもの

- 2-1：パワーポイント教材

4. 指導の実際

① 今日はリスさん、クマさん、ライオンさん、ゾウさんのお話をします。

② おとなしいリスさんが休み時間に一人で本を読んでいました。そこへ、元気なクマさんやライオンさんやゾウさんがドヤドヤと足音を立てて通りかかり、「何の本を読んでいるの？」と大きな声を出して近づいてきました。

③ リスさんは、いつも大きな声で話しかけてくるクマさんたちが苦手です。リスさんは、本読みを邪魔されることはイヤだと思っています。でも、黙ったままじっとしていました。黙っていると、また「教えてよ」と大きな声が聞こえてきて、とてもイヤな気持ちになりました。そしてクマさんたちに囲まれているとだんだん怖くなってきました。

これからリスさんはイヤな気持ちにならないようにするために、どんなことをすればいいと思いますか。どんな方法があるかな。（発表させる）

進行上のポイント

「やめて」と自己主張する、脅威になっていることを素直に言葉にする、「その場から立ち去る」等を引き出します。

④ そうですね。はっきりと「やめて、怖いから」と自分の気持ちを伝えたらいいですね。言葉と一緒に声の出し方も練習しましょうね。

⑤ 今日、一緒に練習したことを、同じようなことがあれば、早速使ってみましょうね。相手にはっきりと「何がイヤなのか」、自分の気持ちを伝えましょう。

進行上のポイント

自己主張することやその場から逃れる行動をとることは、結果的に自分を守ることにつながり、それがストレス対処能力になることを指導助言します。今後、子どもが保健室に来室した場合、役割演技したことが実際にできているかどうかを確認するようにします。

5. 評価

- 自分の身を守るためのストレス対処の仕方を判断しながら、役割演技の中でそれらを表現できたか。　　　　　　　　　　　　　　　　チェック欄 ☐

第2章　個人を対象に行うストレスマネジメント教育

● 事例

　Aさんは授業中、ペンで机の上をたたいて音を出すことを繰り返すなど落ちつきがない。先生に注意されるとそのときは止めるが、すぐに繰り返す。

キーワード　イライラ

1. ねらい

- イライラの原因を「ストレッサー」、イライラしている気持ちを「心のストレス反応」、ストレス反応を抑える方法を「コーピング」と呼ぶことを知る。
- 心のストレス反応を抑えるコーピングをいくつか知り、落ちついた行動をとれるようにする。

2. 指導者の思い・児童生徒へ伝えたいこと

心のストレス反応であるイライラした気持ちを減少させることが、問題となる行動を抑えることにつながる。そこで、イライラに焦点を当てて、イライラした気持ちを減少させるいくつかのコーピングを教えたい。

3. 準備するもの
- 2-2：パワーポイント教材

4. 指導の実際

① この頃、イライラして授業に集中できないようですね。学校や家で、何かイライラする原因があるのかな。

② イライラの原因を「ストレッサー」と言います。イライラした気持ちを「心のストレス反応」と言います。イライラした気持ちを落ちつかせる方法を「コーピング」と言いますが、ペンで机の上をたたく方法は「よくないコーピング」です。気持ちがイライラしても落ちつかせる方法を一緒に考えましょう。

③ 授業中に机をペンでたたくと、音が出て人に迷惑をかけます。人に迷惑をかけない方法を考えましょう。落ちつくためにどうしても何かをしたいなら、膝や太股の上などを弱くたたいて、音を出さないようにしましょう。

④ この他に、気持ちがイライラしても落ちつかせるコーピングがいくつかあります。

一つ目は、深呼吸というコーピングです。イライラしたら何回か息を吸ったり吐いたりしてみてください。そうすれば、少しは気持ちが落ちつきます。イライラという心のストレス反応が少し抑えられるので、ペンで机の上をたたいたりすることも抑えられます。

二つ目は、体を動かすコーピングです。イライラしたときに体を動かすと、スッキリします。休み時間に、運動場で体を動かす遊びをしてみましょう。散歩やジョギングも良い方法です。

三つ目は、人に相談するコーピングです。イライラした気持ちやイライラの原因を人に話すと、気持ちが落ちつきます。友だち、担任の先生、保健室の先生、親、おじいさんやおばあさん、スクールカウンセラーなどに話してみましょう。

これらのコーピングを使って落ちつくことができたら、イライラの原因を解決する方法も考えましょう。1人で難しいときは、人に相談して一緒に考えてもらいましょう。

第2章　個人を対象に行う ストレスマネジメント教育

5. 評価

チェック欄

• 関心を持って説明を聞くことができたか。 ・・・・・・・・・・・・・・・・・・・・・・・・・・・・・・・・・・・・ ☐

• イライラした気持ちを落ちつかせるコーピングを理解できたか。 ・・・・・・・・・・・・・・・・・ ☐

③ すぐに暴力をふるってしまう

対象 低学年　中学年　高学年　中学生　高校生

● 事例

Aさんは、廊下で見つけた友だちの肩に手をかけて「よう！」と言った。友だちは驚いて手を振り払った。そのとき友だちに手を振り払われたことにカッとなり、Aさんはそのまま友だちの体を押した。

キーワード 暴力

1. ねらい

- カッとなった原因を「ストレッサー」、カッとなったときの腹が立った気持ちを「心のストレス反応」と呼ぶことを知る。
- 「暴力行為をその場」で抑える「コーピング（対処法）」を知る。

2. 指導者の思い・児童生徒へ伝えたいこと

暴力をふるった子どもに対して、腹が立った気持ちは理解しつつも、暴力という行為は止めさせたい。そこで、腹が立ってカッとなったそのときに使えるコーピング（対処法）を教えて、暴力という方法を使わないようにさせたい。

＊今後は手を振り払われてもカッとしないために、受け止め方の部分に焦点を当てた取り組みも必要である。

3. 準備するもの　・◎ 2-3：パワーポイント教材

20

第2章 個人を対象に行うストレスマネジメント教育

4. 指導の実際

① どうしたのかな。肩に手をかけたらすぐに振り払われて、腹が立ったんだね、くやしかったんだね。

進行上のポイント

子どもの状況やそのときの気持ちを充分に聞いて、興奮した状態が落ちついてからはじめるようにします。

② カッとなった原因は、あなたにとっては、手を振り払われたことです。この原因を「ストレッサー」と言います。
そのときの腹が立った気持ちを「心のストレス反応」と言います。腹が立った気持ちを落ちつかせる方法をコーピングと言いますが、友だちの体を押すことは「よくないコーピング」です。腹が立っても暴力をふるわない「コーピング」を考えましょう。

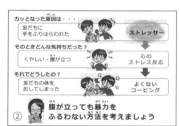

③ 腹が立っても暴力をふるわないコーピングをいくつか教えましょう。
一つ目は、腹が立って暴力をふるいそうになったら、すぐに「相手から離れる、その場から離れる」というコーピングです。こうすれば、あなたの手は相手に届きません。

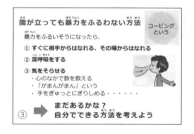

二つ目は、深呼吸というコーピングです。腹が立ったら何回か息を吸ったり吐いたりしてみてください。そうすれば、気持ちが落ちつきます。腹が立つという心のストレス反応が抑えられるので、暴力も抑えられます。
三つ目は、気をそらせるコーピングです。暴力をふるいそうになったら、心の中で「1、2、3」と数える、「がまんがまん」と言う、手をぎゅっと握りしめるなどの方法です。ほんの少しの時間で良いので、違うことに気をそらすことができれば、暴力をふるわなくてすみます。気をそらすことができれば心のストレス反応が抑えられ、暴力に出なくなります。

ほかにもあるでしょうか。自分でできる方法を考えてみましょう。そしてこれからは、腹が
立ったらこれらのコーピングを使ってみて、暴力を止めるようにしてみましょう。

5. 評価

チェック欄

- 関心を持って説明を聞くことができたか。 ・・・・・・・・・・・・・・・・・・・・・・・・・・・・・・・・・・・・・ ☐
- 暴力を止めるコーピングを理解できたか。 ・・・・・・・・・・・・・・・・・・・・・・・・・・・・・・・・・・ ☐

● 事例

ある日の朝、Aさんが教室で友だちに「おはよう」と言っても返事が返ってこない。別の友だちに挨拶しても同様に返ってこない。この日から、Aさんが友だちに声をかけても無視されるようになった。

キーワード　無視　悲しみ

1. ねらい

- 悲しみの原因を「ストレッサー」、悲しい気持ちを「心のストレス反応」、ストレッサーや心のストレス反応を減少させる方法を「コーピング」と呼ぶことを知る。
- 「心のストレス反応」を減少させるために、人に相談するコーピングの良さを知る。
- 無視という「ストレッサー」をなくすために、友だちとの今後の関係について考えるようにする。

2. 指導者の思い・児童生徒へ伝えたいこと

最初の段階では、無視された子どもの悲しい気持ちを十分に受けとめて共感したい。子どもの気持ちが少し落ちついてから、ストレスマネジメントの流れに沿って本人と一緒に考えて支えていきたい。そこで、人に相談するコーピングの良さを知らせたい。また、友だちとしばらく離れるように助言して、今後もこの友だち関係を続けていきたいかどうかを考えさせたい。

3. 準備するもの

- 2-4：パワーポイント教材

4. 指導の実際

① よく話してくれましたね。友だちに無視されて、とても悲しかったんだね。つらかったね。これからどうすれば良いか、先生と一緒に考えましょう。

進行上のポイント

初めての来室では①のみ行い、2回目以降の来室で②から行う方法もあります。

② あなたの今の悲しみの原因である「無視されること」をストレッサーと言い、悲しい気持ちを心のストレス反応と言います。ストレッサーや心のストレス反応を減らす方法を、コーピングと言います。どのようなコーピングを使えばいいか考えましょう。

③ まず、相談するというコーピングを使うことです。誰か信頼できる大人に相談しましょう。悲しくつらい気持ちやその原因を人に話すと、気持ちが落ちつきます。心のストレス反応が抑えられます。つらくなったら、いつでも保健室へ相談に来てください。学校には悩みを専門的に聞いてくれるスクールカウンセラーという人もいます。

進行上のポイント

本人の気持ちを尊重して、担任や親へつなげるようにします。

④ 次に、ストレッサーである友だちとの関係をこれからどうすればいいか考えましょう。そのためにも、しばらくは自分から友だちに近づかない方がいいと思います。しばらく友だちと離れて、これからの関係をどうすればいいか考えてみてはどうでしょう。友だちともう一度仲良

くしたいと思ったら、先生に相談しましょう。でも、迷ったり、とてもつらいことがあったら、いつでも保健室へ相談に来てください。一緒に考えましょう。

5. 評価

チェック欄

- 関心を持って説明を聞くことができたか。 ……………………………………… ☐
- 相談するというコーピングの役割を理解できたか。 ………………………… ☐

⑤ クラスの仲間とのトラブル

対象　低学年　中学年　高学年　中学生　高校生

● 事例

クラスでグループ学習の成果を報告するため役割を分担していたところ、Ａさんが担当するはずの司会者役をめぐってトラブルになった。Ａさんは発表時声が小さくなるので誰かに変更した方がよいのではないか、という意見が数人から出た。また、代わりはＢさんがよいという意見も加わった。それを聞きつけたＡさんはムカムカしてきた。Ａさんは、急に、意見を出した集団に近寄り、その場に居合わせたＢさんの足を数回蹴った。

キーワード トラブル　ムカムカ　暴力

1. ねらい

・暴力というコーピングは、ストレスの再生産を引きおこすことを知る。
・状況に応じた適切なコーピング選択について理解する。

2. 指導者の思い・児童生徒へ伝えたいこと

暴力や八つ当たりというコーピングは、対人関係を悪化させることになり、学級の中でも「困った子」として仲間から受けとられることが少なくない。困った子ではなく、本当に困っているのは、結果的に暴力を振るってしまうことになる「困っている子」であるという認識の下に、望ましいコーピングをとることができる能力を身につけさせたい。

3. 準備するもの　　・◎ 2-5：パワーポイント教材

指導の実際

①　先生は、Aさんの取った行動がとても気になっています。司会者役は交代した方がいいと言われて、腹が立ったんだね、くやしかったんだね。今日はこれからどうすれば同じようなことがおこらないか、先生と一緒に考えましょう。

②　例えば、友だちとトラブルになってイライラして、勉強に必要なモノを壊してしまったとします。そのときは、一時的にスッキリするかもしれません。でも、壊れてしまうともう使うことができないから、もう一度お家の人にお金を出してもらって買わなければなりません。お家の人はどう思うでしょうか。
　また、むしゃくしゃして誰かを殴ってしまったとします。その人との関係はどうなるでしょう。反抗して仕返しをされるかもしれません。このように、暴力は次々と繰り返される結果になりやすく、お互いストレスの再生産になるでしょう。

③　ストレスは、原因となる「ストレッサー」から、結果としての「ストレス反応」へと流れます。今日のできごとを当てはめてみると、司会者役を交代した方がいいと言われたストレッサーから生まれた、ムカムカしたというストレス反応を鎮めようとして、暴力というコーピング（対処法）をとったことになりますね。この方法は、適切な対応だったでしょうか。

④　私たちが生活する中には、いろいろなストレス状況があり、その場に適した対応をとることが大切です。深呼吸をして冷静になってから上手な判断をすることも大事ですね。暴力という方法ではなく、これからどんな方法がとれるか、暴力以外に何かできそうなことを一緒に見つけましょう。

進行上のポイント

例えば、どんなストレス状況が考えられるか、具体的な場面の説明を加えることもできます。

5. 評価

- 暴力というコーピングは、ストレスの再生産になる可能性が高いという指導を通し、日常生活において望ましいコーピングをとろうとする意欲がうかがえたか。 ………………… ☐

チェック欄

● 事例

保護者も応援する中開かれたマラソン大会で、Aさんはゴール直後に過呼吸をおこした。マラソン大会は順位がつくため、家族からの期待と、子ども自身の「負けられない」「早く走って記録を伸ばしたい」という過剰なストレスにより発症した。

キーワード　過呼吸　緊張

1. ねらい

- 過呼吸発作をおこしたときの対処方法を知る。

2. 指導者の思い・児童生徒へ伝えたいこと

過換気症候群（過呼吸発作）は緊張や不安、怒りなどのストレスが誘因となって発症すると言われている。学校は集団の場であるため、人前で失敗しないか、上手にできるかと周囲からの評価を気にする子どもは多い。緊張や不安に陥りやすい状況下では過呼吸は誰でもおこしやすい症状と言える。過呼吸がおきたとき、慌てないでゆっくり呼吸すれば、おさまることを知ってほしい。

3. 準備するもの　・2-6：パワーポイント教材

―＊指導の前に＊―
子どもが過呼吸をおこしている際、指導者は「大丈夫だよ。」と優しく話しかけてください。会話をすることで子どもを安心させると同時に、呼吸の抑制にもなります。息を吐くことに意識を向け、10秒くらいかけてゆっくり息を吐くように促します。無理な呼吸はさせないで、リズムを整えてあげましょう。
呼吸が正常に戻ったら、過呼吸をおこしたときの対処法を学びます。

―＊注意＊―
呼吸器系、循環器系等の疾患の有無を確認してください。疾患がある場合は一刻も早く専門医がいる医療機関を受診してください。また、紙袋を使う処置は二酸化炭素が過剰に増え、逆に酸素が欠乏してしまうので危険です。

指導の実際

① 今日は過呼吸発作をおこしたときの対処法を学習しましょう。

② 「呼吸」は息を吸って吐くことを言います。私たちは自然に口や鼻から酸素を取り入れ、いらなくなった二酸化炭素を吐きだしています。
しかし血液中の酸素と二酸化炭素のバランスが崩れると呼吸のリズムが乱れてしまいます。そのひとつが過呼吸と呼ばれる症状です。

③ 過呼吸をおこしたとき、酸素は十分あるのに「空気が入ってこない」「呼吸ができない」と、必死に息を吸おうとします。そうすると、「息苦しくなる」「心臓がドキドキする」「脈が速くなる」「手や足がしびれる」などの症状がおこります。このような症状を過換気症候群と言います。体と心の不安や緊張が高まったときにおきやすいと言われています。

❹ 過呼吸になったときの対処法として、まず慌てないで落ちつきましょう。無理に大きな呼吸はしません。浅く吸って口からゆっくり長く息を吐くことを意識しましょう。息を吐いたらその反動で自然に息は吸うことができます。「大丈夫。すぐなおる」と自分に言い聞かせましょう。しばらくすると、ふだんの呼吸のリズムにもどりますよ。

> **ヒント！** 過換気症候群はストレスが関係する場合もあります。
> 経過を見て必要がある場合、第1章「ストレスってなに？」等を活用して、ストレスについても話をすると良いです。

5. 評価

チェック欄

- 過呼吸発作の対処法を学ぶことができたか。 ……………………………………… ☐

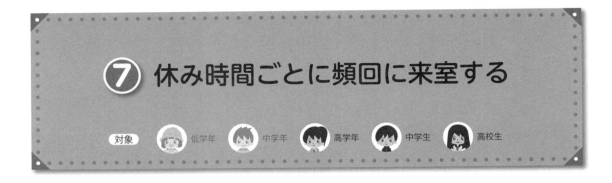

● 事例

クラスの中で孤立感を持っているAさんは休み時間がイヤだという。少しでも体の「痛い」部分を見つけると、それを口実に保健室に何度も来室する。休み時間ごとの「居場所」がないこと、しかし下校後、地域のスポーツクラブの仲間と運動する日は楽しいことをそれとなく養護教諭に話す。このやりとりから、Aさんは学校においては強いストレス状態にあることがうかがえる。

キーワード 　孤立感　頻回来室　ストレス状態

1. ねらい

- 相談できたり、援助してもらえる人の存在を確認することで、ストレス状態が軽減できるようになることを理解する。

2. 指導者の思い・児童生徒へ伝えたいこと

保健室は、特に疾患名や症状がなくても「何となく」来室できることから、子どもたちの居場所になりやすく、このような特徴のある子どもは、クラスに気軽におしゃべりするような仲間がいないことを口にすることがある。養護教諭はそのような機会を利用して、子どもにいつでも相談できる「ソーシャルサポート」の存在を確認させておく。そうすることで、子どもはストレッサーを弱めたり、コーピングを教えてもらったりすることにもなり、ストレスマネジメント教育において重要である。

3. 準備するもの

- 2-7：パワーポイント教材
- 2-7：ワークシート
- マジックペン（赤・黒）

4. 指導の実際

① 「ソーシャルサポート」という言葉を聞いたことがありますか。こまったときに助けてくれる仲間のことです。仲間は、必ずしもクラスの友だちだけではありません。ペットや SNS でつながっている人でもいいです。どこかに自分を助けてくれる人がいると思うだけで、気持ちが軽くなるものです。（黒色のマジックペンとワークシートを配付）

② ワークシートの 5 重の円は、あなたがふだん生活している世界だとしましょう。円の中心は「わたし」です。わたしの周りにはわたしを支えてくれそうな人が必ずいるものです。その人をマル（●）印でチェックしてみましょう。円の線上でも間でもかまいません。

③ 例えば、わたしが病気やけがをしたとき、支えてくれる人は誰ですか。すぐに思い浮かぶ人をチェックしてみましょう。ペットを記入してもいいですよ。
ほかにも、例えば進路に不安があったとき、相談できるところや進路に関する情報をくれる人は誰かな、など、いろいろな問題を考えて、誰に相談したら解決するかな、助けてくれるかな、サポートしてくれるかな、と「わたしのサポーター」を●印でチェックして、円の中に集合させてみましょう。（ワークシートに記入させる）

進行上のポイント

「わたし」からみて、より近くに位置する人（●印のついた人）には、支えられているという気持ちが強いことになります。
このように、ソーシャルサポートの存在を確認するだけで、ストレスフルな状況になっても、問題を解決していこうと思うものです。わたしの話を聞いてくれ、わたしを支えてくれる人がどこかにいることがわかると、脅威（ストレッサー）は減って気持ちも落ちつくはずです。

④ （ワークシート記入後）どうですか。支えてくれる人がいることがわかりましたね。それでは今度は、わたしが誰かのサポーターになると考えましょう。書き方は同じで、マジックペンの色を赤色に換えて5重の円の中に今度は二重マル（◎）印をつけて、名前かイニシャルを書き込みましょう。わたしがサポーターになったら、どんなとき、どんな人に、どんな助けができるか考えてみましょう。（赤色のマジックペンを渡す）

進行上のポイント

ソーシャルサポート・ネットワークとなる人数（●印の数）は、多い方が良いとは一概には言えません。多くなくても、ストレスフルになったときに相談できる人が身近にいることを確認することが重要です。また、身近な人よりも、必要な情報を収集している社会施設の担当者の方が良い場合もあります。

5. 評価

- ソーシャルサポートの存在を確認する活動を通して、問題解決に向けて意欲的に取り組もうとしているか。

チェック欄

第2章　個人を対象に行う ストレスマネジメント教育

● 事例

　3、4日連続して欠席した後、登校すると「あいつ仮病じゃない？」「日曜日、会ったよ」と言っているのが聞こえた。しばらく無視していたが、あちこちから「仮病」という声が聞こえてきて、教室にいることができなくなった。
　本人の性格特性として、こだわりが強く、融通が利かないところがある。また、自分にも他人にも厳しい面があり、思い込みやすく、他人からの評価を気にしやすい。

キーワード　　陰口　認知の修正

1. ねらい

・考え方、ものの見方を変えることで自分のストレス状況が変わることを理解する。

2. 指導者の思い・児童生徒へ伝えたいこと

この事例については、本人の性格特性から考えすぎてしまっていることも多く感じられる。こだわりの強さから、事実を受け入れることが難しいところもあるが、反証する事実を一緒にさがしだし、認知の修正をはかりながら、リラクセーション等のコーピング技法を利用して集団への適応を促したい。状況や本人の性格特性にあわせて使い分けることができるようにパワーポイント教材を3パターン作成した（PART 1 ～ PART 3）。

3. 準備するもの

- 2-8-1：パワーポイント教材
- 2-8-2：パワーポイント教材
- 2-8-3：パワーポイント教材
- 2-8-1：ワークシート
- 2-8-2：ワークシート
- 2-8-3：ワークシート

ワークシート：2-8-1 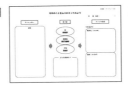 2-8-2  2-8-3

4. 指導の実際―PART 1

① 今から「できあがりを変えよう！」というお話をします。
（ワークシート〈2-8-1〉を配付）

② 自分の周りでおきる様々なできごとのことをストレッサー、そしてそれによっておきる気持ちや症状のことをストレス反応と言います。つまりストレッサーが材料となってストレス反応ができあがります。

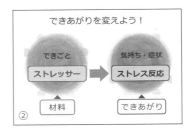

③ 同じ卵でも、作り方によって料理が変わります。例えば、目玉焼きだったりゆで卵だったり、卵かけご飯だったり。卵焼きやオムレツもありますね。それから、お肉とじゃがいも、玉ねぎ、にんじんがあったとしても、場合によってカレーになったり、肉じゃがになったりします。それと同じように、自分の周りでおきているできごとも、どう考えるかで最終的な結果は変わってきます。

④ つまり、自分の周りでおきたできごとをどう評価するかで、できあがるストレス反応が変わります。そしてそのできごとにどう対処するかで、やはりできあがるストレス反応が変わります。
どう評価するか、つまり気づきのことを「認知的評価」と言います。料理でいうところの材料選び、もしくは作り方ですね。そして、対処のことを「コーピング」と言います。これは味つけになります。

これらの「認知的評価」や「コーピング」はココロの働きによるものです。

⑤ 今日感じたイヤなことを振り返ってみましょう。材料となったものは何でしたか？（ストレッサーのところに記入させる）できあがりはどうでしょうか？（ストレス反応のところに、気持ち、症状にわけて考えさせる。出なければそのままでもよい）どんなふうに考えたのでしょうか？（気づきのところに記入させる）

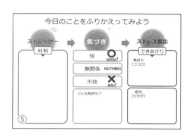

⑥ できあがったストレス反応を違ったものにするためにできることは何でしょうか？ 例えば、信頼できる友だちや大人に相談するのはどうでしょう。イヤなできごとの影響を弱める方法を教えてくれたり、励ましてくれたり、一緒に発散することを手伝ってくれたりしますね。ふだん、自分が考えないようなことを考えてみても良いかも

しれません。ほかには、腹式呼吸などをしても気持ちが落ちついてくるのでおすすめです。自分自身がほっとしてリラックスできる方法をいっぱい探しておくと良いと思いますよ。

5. 評価

チェック欄

- 自分の行動を振り返り、自分なりのコーピング技法を考えることができたか。　　　 ☐
- ワークシートの提出ができたか。　　　 ☐

6. 指導の実際—PART 2

① 今から「違う考えをしたらどうなるだろう？」というお話をします。（ワークシート〈2-8-2〉を配付）

② 何かできごとがおきると、人はそのできごとを「快」「不快」「関係ない」の三つに分類します。「快」とか「関係ない」と考えたときは問題はないですが、「不快」と考えたときには、カラダやココロにいろいろな影響をあたえます。例えば、落ちこんでしまったり、イライラしたり、眠れなかったりなどがあります。

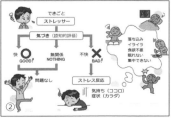

③ 今日感じたイヤなことを振り返ってみましょう。イヤだったことを、「イヤなこと」のところに書いてみましょう。そして、現状のところに「今の状況（気持ちや自分のとった行動）」を書いてみましょう。（ワークシートに記入させる）

では一度、今日感じたイヤなことについて違う考え方をしてみましょう。ポジティブとネガティブの両方考えましょう。考えるときには、ここに出ているような「新しい考え方をとりいれるヒント」を使って考えてみましょう。新しい考え方の結果と、今の自分の気持ちを見比べてみましょう。どの結果が、一番良さそうですか？

④ できあがったストレス反応を違ったものにするためにできることは何でしょうか？　ふだん、自分が考えないようなことを考えてみると、できあがる結果が変わりそうですね。また、信頼できる友だちや大人に相談するのはどうでしょう。イヤなできごとの影響を弱める方法を教えてくれたり、励ましてくれたり、一緒に発散することを手伝ってくれたりしますね。ほかには、腹式呼吸などをしても気持ちが落ちついてくるのでおすすめです。自分自身がほっとしてリラックスできる方法をいっぱい探しておくと良いでしょう。

7. 評価

チェック欄

- 自分のことを振り返り、違う考え方でのシミュレーションをすることができたか。………☐
- ワークシートの提出ができたか。……………………………………………………………☐

8. 指導の実際―PART 3

① 今から「ココロの棚をつくろう」というお話をします。
　（ワークシート〈2-8-3〉を配付）

② 何かできごとがおきると、人はそのできごとを「快」「不快」「関係ない」の三つに分類します。「快」とか「関係ない」と考えたときは問題はないですが、「不快」と考えたときには、カラダやココロにいろいろな影響をあたえます。例えば、落ちこんでしまったり、イライラしたり、眠れなかったりなどがあります。

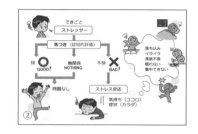

③ イライラしたり、ムカついたり、といったイヤな気持ちに気づいたら、ココロの中で「ストップ！」と言ってみましょう。「ストップ！」と言うのと同時に、いすや机の一部をギュッとにぎったりしてみましょう。そうすると、さらに上手くいくことがあります。

特に、自分のことを「ダメだ」と考えてしまうとき、すぐに「ストップ！」をかけて止めるようにしましょう。

④ 心配なことがあると、頭の中に不安な考えやイヤな気持ちが次から次へとわいてきてしまいます。そのような場合、心配を止めたり、不安な考えやイヤな気持ちを追い払ったりすることがとても難しくなります。

そんなときは、あわてず、さわがず、その不安な考えやイヤな気持ちを箱に入れて、ココロの棚にしまってみましょう。箱に入れて棚に置いておけば、もう気にしなくてもよくなります。

⑤ ほかにできることは何かありますか？

ふだん、自分が考えないようなことを考えてみると、できあがる結果が変わりそうですね。また、信頼できる友だちや大人に相談するのはどうでしょう？ イヤなできごとの影響を弱める方法を教えてくれたり、励ましてくれたり、一緒に発散することを手伝ってくれたりしますね。ほかには、腹式呼吸などをしても気持ちが落ちついてくるのでおすすめです。自分自身がほっとしてリラックスできる方法をいっぱい探しておくと良いと思いますよ。

評価

- 自分なりのコーピング技法を考えることができたか。 ……………………………… ☐
- ワークシートの提出ができたか。 ……………………………… ☐

⑨ イライラして頭痛を感じ保健室へ来室した

対象　低学年　中学年　高学年　中学生　高校生

● 事例

学級委員である自分の言うことを聞いてくれないので、イライラして頭が痛くなってきた。授業内容も苦手なところなので教室に入りたくもない。暴れたり八つ当たりしてはいけないと思い、ガマンしていると、よけいにイライラしてきた。

キーワード　イライラ　怒り　リラクセーション

1. ねらい

- 心と身体のつながりについて理解し、リラクセーション技法を学ぶことによって、イライラしても身体的症状につなげないようにする。

2. 指導者の思い・児童生徒へ伝えたいこと

心と身体のつながりに着目させ、深呼吸や筋弛緩法を用いて身体の緊張を緩めることで心もゆったりできることを学ばせたい。今までの自分のあり方を見つめなおし、変えていこうとしている頑張りは認めつつも、ものの言い方、話し方についても考えさせていきたい。

3. 準備するもの

- 🎧 2-9：パワーポイント教材

4. 指導の実際

① 今日は「STOP！ イライラ大作戦」をやってみます。緊張したココロをほぐしてあげる方法のひとつになります。

② イライラすると、カラダに余分な力が入ります。カラダとココロはつながっているので、カラダに余分な力が入るということは、ココロにも力が入って緊張してカチンコチンになっているということです。そうなると、自分の弱いところに何か症状が出てきます。カラダやココロからのSOSです。今回の場合は、頭が痛くなりましたね。

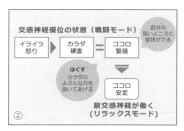

そんなときは、カラダの余分な力を抜いてあげると、ココロの緊張も緩んで落ちついてきます。症状も和らいできます。

③ ではやってみましょう。まず、STOPのS。これは深呼吸です。怒っているな、怒りそうだなと感じたときはしばらく深呼吸をしてみましょう。10秒呼吸法という良い方法があるので、一緒にやってみましょう。1，2，3で鼻から息を吸い込み、4でいったん息を止めて、5，6，7，8，9，10で口から細く長く、ゆっくりと息を吐きます。やってみましょう。

④ 次は、STOPのT。立ち去るです。これは、怒っている、怒りそうだと感じたときにその場から立ち去ってしまうことです。
その場から立ち去ることが無理なときは、目を閉じてココロの中で、1，2，3…と10まで数えてみましょう。

⑤ 三つ目はSTOPのO。落ちつきグッズです。これさえあれば落ちつくことができる、安心できるというグッズを見つけておきましょう。マスコット、写真、キーホルダー、お守り…なんでもOKです。イライラする、怒りそうと

いうときには、そのグッズを握りしめたり、さわったりしてココロを落ちつかせます。

⑥ 四つ目はSTOPのP。プルプルです。怒っているな、イライラしているなと感じるときは、ココロにもカラダにも余分な力が入っていることが多くあります。そんな余分な力をうまく抜くコツは、力を思いっきり入れてからプルプルして抜くこと。腕、肩に力を込めて5秒ガマン。そして一気に力を抜きます。すると、リラックス感を感じることができます。おなかや背中、肩やお尻などに力を込めます。肩だけ、顔だけ、腕だけ、足だけを行ったり、寝転がってカラダ全体で行ってもOKです。

⑦ 少し時間がたってから、または家に帰ってからも、ほっとしてリラックスできる自分なりの方法をたくさん探しておくと安心ですね。

5. 評価

- リラセーション技法を体験させ、気分の変化を感じることができたか。・・・・・・・・・・・・・・・・・・・・ ☐
- 自分なりのリラセーション法を考えることができたか。・・・・・・・・・・・・・・・・・・・・・・・・・・・・・・ ☐

第 2 章　個人を対象に行うストレスマネジメント教育

● 事例

仲の良かった A さんの態度がよそよそしくなった。目も合わせてくれないし、しゃべろうと思っても休み時間には他の友だちと楽しそうにしているので間に入ることもできない。教室にいると、A さんがどこを見たり、何をしているのかが気になって授業に集中できない。

キーワード　　友人関係　　表現　　ソーシャルサポート　　認知

1. ねらい

- 自分の考え方、物事のとらえ方を変える。相談したり、いろいろな形で表現することによって発散できる方法を学ぶ。

2. 指導者の思い・児童生徒へ伝えたいこと

中学生という思春期の子どもたちは、ケンカをしたり仲直りすることを繰り返しながら本当の友人をさがす時期である。友人関係のこじれを必要以上に大ごととととらえさせてしまうことなく、視野を広げさせることが大切である。
また、周りの視線や人からの評価を人一倍気にする時期でもあるので、本人の気持ちによりそいながら、感じていることが事実かどうかを改めて考えさせることも必要である。

3. 準備するもの
- 2-10：パワーポイント教材

4. 指導の実際

① 今からモヤモヤした気持ちを解消する方法について話をしたいと思います。題して「モヤモヤコップ」です。ココロに、空っぽのコップがあることをイメージしてください。このコップにはモヤモヤした気持ちがたまっていきます。

② モヤモヤした気持ちをこのモヤモヤコップにためていくと、だんだんコップの中がいっぱいになってしまいます。モヤモヤコップがいっぱいになってあふれ出してしまったら、ココロやカラダにいろいろな悪影響を及ぼすことがあります。モヤモヤコップをあふれさせないように、うまく吐き出すことが大事になります。

③ その方法として、例えば日記をつける。例えば信用できる誰かに話す。誰にも見せない自分だけの秘密の手紙を書く方法もあります。ただし、インターネット上はダメ。どんなにパスワードを設定していても簡単に破られることも多くあるので、絶対にダメです。
そうやって、自分の思いを言葉にして表現することは、頭の中でモヤモヤしているものを整理してくれる役割があります。

④ あと、だれか人に相談することは、話を聞いてくれるだけではなくて、励ましてくれたり、いい方法をアドバイスしてくれたり、解決のお手伝いをしてくれたりもします。
直接会って話したりできない人、例えば好きなアイドルなど有名人やペットでも大丈夫。その存在が自分の助けになるなら、すべてソーシャルサポートと言えます。

⑤ 同じ卵でも、作り方によって料理が変わります。例えば、目玉焼きだったりゆで卵だったり、卵かけご飯…とか。卵焼きやオムレツもありますね。お肉とじゃがいも、玉ねぎ、にんじんがあったとしても、場合によってカレー

第2章　個人を対象に行う ストレスマネジメント教育

になったり、肉じゃがになったりします。同じ材料でも、選び方や味つけが違えばできあが
りは変わりますね。

それと同じように、自分の周りでおきているできごとも、どう考えるかで最終的な結果は変
わってきます。その子と、これからも友だちでいようと思うなら、しんどくても直接話をし
て仲直りできるように努力しないといけないし、新しい友だちを作るのも一つの方法だと思
いますよ。

5. 評価

チェック欄

・自分のまわりの人や物からの支援に気づくことができたか。 …………………………… ☐

● 事例

何かにつけて保健室に来室するAさんが、最近、気になることがあると家庭内の愚痴を話し出した。会話はいつも「父は…だ。」「母は…だ。」というように始まり、相手を否定した話し方である。ただ、彼氏には何でも相談している様子であった。しかし最近、彼氏がAさんを避けるような様子がうかがえ、そっけない返事ばかりを繰り返すらしい。この彼の口調や態度がストレスになると訴える。

キーワード　保健室　会話　ストレス

1. ねらい

- ストレッサーとなる話し方があることを理解するとともに、日常生活において、さわやかな自己主張ができるようになる。

2. 指導者の思い・児童生徒へ伝えたいこと

保健室に来る子どもたちの会話を聞いていると、「あの子が○○した」や「あの子は、いつも○○だ」というように、相手の非を責めるような言い方であることが多い。そして、相手のものの言い方が気になるらしく、それがストレスだと訴えてくる。お互いに非難し合う話し方ではなく、自分の思いや気持ちを素直に伝えるメッセージは、ストレスマネジメントにおいて効果的であることに気づかせたい。

3. 準備するもの

- 2-11：パワーポイント教材

4. 指導の実際

① 今日は先生と一緒に「アサーション」という表現の仕方を学びましょう。アサーションとは、「お互いを大事にしながら、素直にコミュニケーションをとること（自他尊重）」です。

② 例えば、次のような状況を想像してください。
先週から友だちにノートを貸しているとします。そのノートには、テスト問題が部分的に書かれていて、とても大事です。来週、定期試験があります。約束した日が過ぎているにも関わらず友だちにノートを返してもらえません。できるだけ早く返して欲しいとわたしはイライラしています。
こんなとき、どんな言い方（メッセージ）をすると相手に響き、ノートを気持ちよく返してもらえるでしょうか。

③ 先生と一緒に、次の2つの会話を確認しましょう。まずはじめに、①＜あなたメッセージ＞です。
　A「貸したノートをいつ返してくれるの？」
　B『まだ、借りていてもいいかしら。』
　A「（あなたは）約束を守っていないでしょ！（あなたは）いつもそうよ。」
　B『そんな約束、したっけ。』
　A「イライラしている今の気持ち、わかってくれていないでしょ！」

④ 次は、②＜わたしメッセージ＞を見てみましょう。
　A「貸したノートをいつ返してくれるの？」
　B『まだ、借りていてもいいかしら。』
　A「（わたしは）貸したノートをいつ返してくれるのか、少し心配になっているの。忘れているかもしれないと思ったから確認させてもらうね。」
　B『本当に助かったわ。借りたノートは早く返そうと思っていたところよ。』
　A「イライラしている今の気持ち、わかってくれていたのね。」

⑤ どうですか。＜わたしメッセージ＞の方が、ケンカやトラブルにならないですね。これから、誰かに相談するときの言葉がけは、＜わたしメッセージ＞にしましょう。そしてストレス対処の方法として「アサーション」を心がけましょうね。

5. 評価

チェック欄

・自己主張の仕方を理解した上で、適切なコミュニケーションを考えることができたか。 …… ☐

第2章　個人を対象に行うストレスマネジメント教育

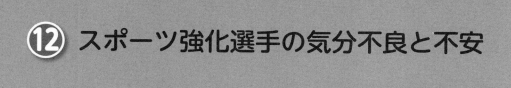

⑫ スポーツ強化選手の気分不良と不安

対象　低学年　中学年　高学年　中学生　高校生

● 事例

　Aさんはジュニア育成選手で将来が有望視されている。最近、Aさんは熟睡できていないようだ。朝の健康観察では「気分不良」を訴えることが多くなった。学級担任が自宅に電話をし、家庭での様子をうかがったところ、次の連休の強化合宿が気になっていることを聞いた。合宿での成果を基に、全国大会に参加する最終メンバーが決まるため、不安になっているようだ。

キーワード　スポーツ強化選手　気分不良　不安

1. ねらい

- イメージ・トレーニングの仕方を身につけることにより、気分転換及び不安な気持ちを落ちつかせることができるようになる。

2. 指導者の思い・児童生徒へ伝えたいこと

月曜日の午前中の保健室は、週末にスポーツ教室等に参加している子どもたちの負傷の手当てやメンタルへの対応が必要となる場合が少なくない。スポーツ競技は、勝敗がはっきりしていることから、自分の限界を早々に決めつけ、投げやりな態度になる子どもたちを目にすることもある。ストレスフルな状況に陥らないためにも、自分で対処できるリラクセーション技法を活用する力を養うことは意義あることである。

本事例で紹介するイメージ・トレーニングは、個人差が大きいことを補足した上で、体験することに意味があることを伝え実施するようにしたい。

3. 準備するもの

- 2-12：パワーポイント教材

4. 指導の実際

① いろいろなスポーツの世界で行われているイメージ・トレーニングを知っていますか。今日は、今のストレスフルな状況を少しでも軽減できるように、ストレス対処の仕方を先生と一緒に考えていきましょう。

② まずはじめに、掌を上に向けて両手を前に出してください。右の掌には鉄の球、左の掌には風船が乗っているとイメージします。左右の手はどのように感じますか。右手は重くて下に動くように感じるのではありませんか。体はイメージしたように動くものですね。

進行上のポイント

目を閉じた方が左右の手の動きをイメージしやすいのであれば、目を閉じて行います。

③ ではこれから、不安な気持ちや気分が落ちつくようにイメージ・トレーニングを使ったリラクセーションを先生と一緒に試してみましょう。先生が順番に声掛けしますね。

- 楽な姿勢で椅子にこしかけます。そのとき、軽く目を閉じてください。
- あなたが一番気持ちの落ちつく場所はどこですか。思い浮かべましょう。どんな場所にいますか。
- その場所で楽しいときを過ごしている自分に気づきましょう。
- しばらくの間、その場所でゆったりした気分で楽しみましょう。緊張や不安を感じたときは、いつでもあなただけのこの場所へ来ることができます。
- ゆっくりと目を開けてください。どうですか。心地よいですか。背伸びをしましょう。

最後に、自分の力を発揮するぞという気持ちを自分のからだに届けましょう。

5. 評価

チェック欄

- 不安な気持ちや気分が落ちつくためのイメージ・トレーニングの仕方が理解できたか。 ……☐

第2章　個人を対象に行うストレスマネジメント教育

● 事例

　Aさんの成績は安定していたが、今後、定期試験の成績が数値化され「進路に関する調査書」に記入されることを聞き、友だちには、そのことが相当のプレッシャーになると話していた。定期試験が近づくにつれ、担任に「なかなか眠れない。身体が震えているみたい。」と相談してきた。それを聞いた養護教諭は、過度の不安や緊張が表われているのではないかと考えた。

キーワード　　不安と緊張　　定期試験　　プレッシャー

1. ねらい

- 筋弛緩法を行うことにより、緊張の緩和とともに、心身のリラックスを得ることができるようになる。

2. 指導者の思い・児童生徒へ伝えたいこと

保健室に来室する子どもの中には、本人からすれば特に緊張への意識はなくても、養護教諭から見れば緊張している言動を観察することがある。そういう子どもにとって、筋弛緩法は、ストレス対処法の一つとして取り組みやすい。

3. 準備するもの　　・◎ 2-13：パワーポイント教材

4. 指導の実際

① 今日の気分はどうですか。学習に集中できていますか。今日は、先生と一緒に「セルフ・リラクセーション」を体験しましょう。今回は、特に「肩」の運動を通して心身を楽にしていきます。簡単にできる動作です。最後に気づいたことを話してくださいね。

② まず、椅子にゆったりと座ります。背もたれに姿勢をあわせて、背筋をのばして、頭からお尻へと身体に軸が通っていることを感じます。次に、両肩を上げたり下げたり、後ろに回したりします。いろいろな肩の動作を繰り返してみましょう。

③ 今度は、両肩を上げ、10秒ほど力を入れたままにします。そのとき、肩以外の部分は、力を抜きましょう。そして、「ストン」と両肩の力を抜きます。最後に、楽な姿勢をとります。この肩の上げ下げの動作を2～3回繰り返します。次は「ストン」を「ゆっくり」に変えて2～3回繰り返しましょう。この動作を体験して、どんな気持ちの変化がありましたか。（発言させる）

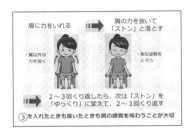

力を入れたときも抜いたときも、肩の感覚を味わうことが大切です。そうすることで、身体の気づきが強くなり緊張に早く気づき、それを下げることができるようになります。またこの方法は、集中力を高めるトレーニングにもなります。

④ この流れのほかに自分流リラックス方法を考えるのも良いですね。これを「セルフ・リラクセーション」と言います。簡単な動作でリラックスできるので、今日から寝る前などに行ってみましょう。

5. 評価

チェック欄

- 筋弛緩法の体験を通して、緊張緩和のためのストレス対処法が理解できたか。・・・・・・・・ ☐

第3章 15分程度で集団を対象に行うストレスマネジメント教育

♥ 朝の会、帰りの会、健康診断の前後、授業の合間などに行うことができるパワーポイント教材です。

♥ パワーポイント教材は編集可能です。各校の実態に合わせてお使いください。

① ウォーキング&リラックス

対象　低学年　中学年　高学年　中学生　高校生

1. ねらい

- 気持ちよく歩く体験をしたり、助け合いながらゲームを楽しんだりすることで、気分の変化があることを感じ取る。

2. 指導者の思い・児童生徒へ伝えたいこと

ストレス状態になれば、落ちついて冷静な判断ができなくなるばかりか、外出することもおっくうになりがちである。最も手軽で日常的な「歩く」という運動は、コーピングとして活用したい対処法の一つである。昼休み等の比較的長い休憩時間に体育館等を利用して、担任教諭等と連携した取り組みを行うことによって、ストレスマネジメント教育がより効果的になると考える。

3. 準備するもの

- ◎ 3-1：パワーポイント教材
- お手玉（各自１個　＊運動会の玉入れ競技に使用するようなもの）
- 笛

＊指導の前に＊
奇数班（白組）と偶数班（赤組）を編成しておきます。

4. 指導の実際

① 今日はみなさんと一緒に楽しく歩いてみようと思います。あとで「ウォーキング＆リラックス」というゲームもします。歩くと心や体にどんな変化があるでしょうか。ゲームが終わったら、みなさんに歩いた後の気分をたずねますね。

② では、赤組と白組は、先生の前に紅白一列ずつになって並んでください。お手玉を渡しますから、頭の上に乗せて、落とさないように気をつけて、線の上をまっすぐ順番に歩いてみましょう。

進行上のポイント

体育館で行う場合は、床面の白線を利用します。運動場等で行う場合は、あらかじめ線を引いておくようにします。

次は、お手玉を落とさないように注意しながら自由に歩きましょう。走ったり競争したりする必要はありません。ぶつからないように自由に広いところを探して歩きましょう。お手玉が落ちてしまった場合は拾ってまた頭の上に乗せて同じように歩いてください。笛の合図でストップしてくださいね。では始めてください。
（ストップの笛を鳴らす）今度は少し難しくなりますよ。爪先立ちをしながら歩きましょう。
（ストップの笛を鳴らす）次は、頭の上にお手玉を乗せたまま近くの人とジャンケンをしてください。5勝するまでジャンケンを続けましょう。5勝した人は先生の所に集合してください。それでは始めてください。

進行上のポイント

頭の上にお手玉を乗せた状態でジャンケンをしているか観察します。

ほとんどの人が集合してくれましたね。ではまだ5勝できていない人もみんな一旦集合してください。

③ それでは、これから、ウォーキング＆リラックスというゲームをします。紅白対抗の団体戦です。次のルールを守りましょう。

ルール（実施時間5分間）
- ●歩くことができる範囲を決めます。今回はバスケットコートの枠の中です。
- ●頭の上にお手玉を乗せて、できる限り長く歩きます。その間、お手玉には触わらないようにします。
- ●お手玉が落ちた人はその場所で止まってください。
- ●同じチームの人がお手玉を拾って頭の上においてくれたら、また歩くことができます。ただし、お手玉を乗せようとしているときに落としてしまった場合は、2人ともその場所で止まってしまいます。
- ●紅白対抗の団体戦として勝負を競い、5分間ウォーキングをして、止まった人が少ない方が勝ちになります。

質問はありませんか。では、みなさん、バスケットコートの枠の中に立って、頭にお手玉を乗せてください。準備はいいですか。それでは先生の笛の合図でスタートしましょう。

進行上のポイント

経過観察をして、ゲームがスムーズに進行しているかどうかを把握しておきます。時間があれば2回戦を行います。

④ どうですか、クラスのお友だちと一緒に楽しく「歩く」ことができましたか。今の気分はどうですか。これから今日の学習の振り返りを行いましょう。この体験を通して、心や体に変化があったでしょうか。考えて発表してください。（発表させる）

⑤ 最後に、軽く目を閉じてください。その場に寝ころんでもいいですよ。高原でそよ風に吹かれている姿を思い浮かべてみましょう。どんな気分ですか。（発表させる）

ヒント！ それぞれの体験の前後に「気分評価表」を導入して数値の変化を見ることができれば、客観的な評価を得ることができます。また、グループやペアで振り返りを実施することも考えましょう（第3章④「リラクセーションしてみよう」のワークシート「今の気分はどうですか？」参照）。

5．評価

- 仲間と協力し合ったゲームの体験により、気分の変化があるという学習活動に、意欲的に取り組もうとしたか。 ……………………………………………………………… ☐

チェック欄

② 約束を破られたときの伝え方

対象　低学年　中学年　高学年　中学生　高校生

1. ねらい

• 気持ちや考えを正しく伝える方法を理解するとともに、日常生活でうまく活用できるようになる。

2. 指導者の思い・児童生徒へ伝えたいこと

子どもたちが経験する対人トラブルは様々である。よく観察すれば対立関係にある双方には自分なりの言い分があるため、お互いの言葉のやり取りがトラブルへと進んでしまう。あのときこう言えば「ケンカにはならなかったのに」、「お互い気まずい思いをしなくてすんだのに」という状況を生まないためには、攻撃的ではなく（攻撃的主張）、ただ我慢するだけでもなく（非主張的行動）、事実と自分の思いを適切に伝えること（アサーション：主張的行動）が必要となる。アサーティブ行動とも言われるアサーションは、余分なストレッサーを生み出さないためのコーピングであり、トレーニングをすることで対人関係上のトラブル回避につながると期待される。

3. 準備するもの　• 3-2：パワーポイント教材

4. 指導の実際

① 今日は約束を破られたときの伝え方について学習します。今からお話しする内容は、みなさん自身のことだと思ってくださいね。

② **事例**

先週、友だちと遊ぶ約束をしました。休みの日の朝に公園で会うことになりました。どんな遊びをしようかとその日を楽しみにしていました。

休みの日になって時間通りに待ち合わせの場所に行きました。しばらく待っても来ないので心配になりましたが、もう10分待ってみることにしました。しかしそれから10分たっても友だちは来ません。あと10分待ってみようと思いましたが、来ない友だちのことが心配になりました。そこで10分たつのを待って友だちの家に行ってみました。すると、玄関前で友だちがほかの友だちと楽しそうに話していました。

この場面、みなさんなら相当ムカムカするのではないでしょうか。まさにストレス状態だね。こんな場面に似たような体験をした人はいませんか。こういうとき、あなたなら友だちにどのようなことを言いますか。

③ A 自分の思いをそのままぶつける。
「一体、今までどこで何をしていたの」、「今、何時だと思っているの」、「この前、約束したことを何とも思わないの」と相手を攻撃する言葉を大きな声を出して言い、謝らせる。

B 自分の思いを言わない。
こちらを見る友だちに何も言わず、黙ったまま帰る。自分の思いを出さずにいる。

C 思いを素直に伝える。
「一緒に遊ぶことを楽しみにしていたんだけど、約束を忘れてしまったのかな。公園で待っていたんだよ。何かあったのかととても心配だったんだ。これからは約束を忘れないでほしいよ。」と相手を攻撃せず、自分の思いを伝える。

さて、あなたは、AからCのどのタイプに近いですか。（子どもたちを見渡し、反応をうかがう）

④いろいろな意見がありましたが、Cタイプの落ちついていて相手の立場も考えた言葉を使うことで、トラブルになることは減りそうですし、少しムカムカしても話せることで自分が本当に言いたいことを伝えることもできますね。

進行上のポイント

Cタイプのような会話のやり取りがストレスマネジメントには効果的であることを伝えます。また、A・Bタイプは、どのような結果につながるかを考えさせて比較検討するとよく理解できます。

よい友だち関係を作るためには、Cタイプの思いを素直に伝える方法を身につけることが役立ちそうですね。
では、今から「約束を破られたときの伝え方」を練習してみましょう。
（舞台となる場所を準備する）○○さんは「友だち」役です。○○さんは「わたし」役です。わたしは今か今かと友だちを待っているところから始めましょう。
Cタイプの穏やかな伝え方で言葉のやり取りを行ってみましょう。観察している人は、まず、わたしの気持ちを素直に表しながら、相手のことも考えている表現ができていたかを確認しましょう。また、どこをどのようにすると、もっとよくなるかを後で発表してください。観察の後、お隣同士でペアになって同じように練習してみましょう。その後、交代して体験してみましょう。

5. 評価

- 三つの主張の違いを理解した上で、アサーティブな会話のやり取りを役割演技の中で表現できたか。

1. ねらい

- 「快活に笑う」というアクティベーションにより、心地よい気分になることを感じ取る。

2. 指導者の思い・児童生徒へ伝えたいこと

ストレスマネジメントは、ストレッサーにさらされたときの異常な反応（心・身体）が持続しないようにするための予防であり、ストレスマネジメント教育は健康教育の一つでもある。小学校では、健康診断前や月ごとの身体測定の時間に行う、集団に対する保健指導を健康教育と位置づけ、実施している実態がある。そのような機会を利用して、計画的かつ継続的にストレスマネジメントに関する内容を扱うことは可能であろう。

ここで紹介する活動は、1年間を見通した保健室で行う「学級活動における保健指導（集団）」の一例である。対象となる子どもたちは、「ストレスの構造」としての「ストレッサー」「ストレス反応」「コーピング」を理解していると仮定した上での実践となる。

3. 準備するもの

- 💿 3-3：パワーポイント教材
- 💿 お笑いカード

- 風船

4. 指導の実際

① 今日の学習のテーマは「お笑いポイントをあつめよう」です。

進行上のポイント

あらかじめ膨らませた状態の風船を用意します。保健指導の間、風船を膨らませたりへこませたりして指導を行います。

② この丸い風船はみなさんの心の状態（気持ちや気分）だとします。最近、学校やお家でこんな状態（風船を指でへこませている状態を見せながら）になった経験はありますか。こうやってへこんだ状態だととても疲れるし、気分も落ちこんでいますね。できるだけへこまずに丸い状態でいたいですね。今日は、みなさんの気分がへこんだときやへこみそうになったときに、どんなことをすれば、丸い風船のようにへこまずにいられるかを、一緒に考えてみましょう。

③ 今からみなさんにAからFまでの6枚のお笑いカードを紹介します。（お笑いカードの準備）これからみなさんで、AからFの順にカードに書かれているように、お腹を動かしながら大きな声を出して笑ってみましょう。
それでは始めます。最初は、Aうふふのカードです。みなさんで一緒に声をだしますよ、ハイ、どうぞ。次は、Bへへへのカードです。ハイ、どうぞ。次は、Cイヒヒのカードです。ハイ、どうぞ。次は、Dワハハ。ハイ、どうぞ。次は、Eおほほ。ハイ、どうぞ。最後は、Fクックックのカードです。ハイ、どうぞ。おわりです。みなさん、よく笑いましたか？ 笑っているとき、どんな気持ちになりましたか。（発表させる）

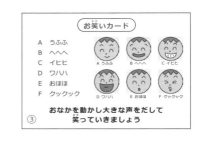

進行上のポイント

カードを紹介するときは、指導者は表情や態度を豊かに演出します。

④ (発表の後) いろいろな意見が出ましたね。それでは今からお笑いカードを1枚選んで、それぞれ誰が笑うのか、笑う人を発表します。あてはまる人は、そのカードの通りに大きな声を出して、お腹から笑ってください。準備はいいですか。では始めます。

例）
- （男女別）「男子」、「Ｃイヒヒカード」。
- （男女別）「女子」、「Ｃイヒヒカード」。
- （誕生月）「5月生まれ」、「Ｄワハハカード」。
- （教科）　「体育が好きな人」、「Ａうふふカード」。
- （唱和）　「みんなで一緒に」「Ｅおほほカード」。

⑤ みなさんよくできましたね。笑った後の気分はどうですか。気持ちよくなりましたか。
このように笑ったり身体を動かすことで、気分や気持ちがよくなる方法を「アクティベーション」と言います。アクティベーションとしての運動は、汗がにじんでくるくらいが目標です。例えば、「散歩」や「水泳」や「ストレッチ」などです。無理をすることはありません。運動が苦手な人は、お友だちと楽しく会話をしたり、カラオケで歌うこともアクティベーションになります。

⑥ 今日はお笑いカードを使ってアクティベーションについて学習しました。気分が落ちこんだときにはアクティベーションをして心地よい気分になることを心がけましょう。

ヒント！ 保健室にお笑いカードを常掲しておくと、いつでも授業の振り返りを行うことができます。

5．評価

チェック欄

- 多様な「笑い」をとり入れた学習活動に関心を持ち、積極的に参加したか。・・・・・・・・・・・・・・ ☐

1. ねらい

- リラクセーションの意味や効果を知る。
- リラクセーションを体験する。

2. 指導者の思い・児童生徒へ伝えたいこと

リラクセーションやリラックスという言葉はよく使われており、比較的子どもたちも何らかのイメージを持っていると思われる。ただしその言葉を科学的に理解しているとは限らない。この学習を通じて、リラクセーションの意味や効果について科学的に知り、簡単な体験をすることでより理解を深めさせたい。
この指導案は基礎部分と2種類の体験で構成されている。実際の指導の際には基礎部分と体験を組み合わせて学習できるようになっている。集団の質や、環境にあわせて体験の種類が選択できる。また体験を組み合わせることで、指導時間にも柔軟に対応できる。

3. 準備するもの

- 3-4-1：パワーポイント教材（基礎）
- 3-4-A：パワーポイント教材（腹式呼吸）
- 3-4-B：パワーポイント教材（イメージ法）
- 3-4：ワークシート

4. 指導の実際

① 今日は、カラダやココロの余分な力を抜く「リラクセーション」について勉強したいと思います。

② 人間は、不安や緊張が高まったときに、カラダに力を入れて乗り越えようとします。
大事なテストや試合のとき、私たちのカラダはどうなっていますか？ ドキドキして足が震えたり、肩に力が入っていたり、心臓がドキドキしたりしますね。
そのような不安や緊張でカラダに余分な力が入っているときには、ココロにも力が入って緊張しています。
そんな状態では、自分のふだんの力を出すことはできません。
そこで、カラダをほぐしてカラダの余分な力を抜くことで、ココロを安定させる。不安や緊張を少なくすることが必要になります。これをリラクセーションと言います。

③ リラクセーションをすることで、感情や気分の興奮をしずめることができます。また、次のような効果があると言われています。
● 緊張がなくなって、気分がすっきりします
● 冷静になって、よい解決方法がみつかります
● カラダがゆったりします
● 集中力が高まります
● 記憶力が増します

④ それでは、今からリラクセーションを始めてみましょう。その前に、注意してほしいことを何点か言います。
一つ目はムリをしないことです。しんどいなぁ、イヤだなぁと思うときは静かにその場で待っていてください。
二つ目は衣服をゆるめることです。メガネやネクタイ、ベルトなど窮屈に思うものがあれば、はずしたりゆるめたりしてもかまいません。

三つ目は人の邪魔をしないこと。リラクセーションは、一人ひとりで行うものです。リラクセーションをしている間は、周りの人にちょっかいをかけたり、ふざけたり、おしゃべりしたりしないようにしましょう。

そして最後にとなりの人に手が触れたり、前の人に足があたったりしないようにしましょう。

進行上のポイント

環境的には、暑すぎず寒すぎず、明るすぎず暗すぎずの環境で行います。

❺ リラクセーションを始める前に、今の自分のココロやカラダの状態を調べておきましょう。

まず、脈拍をはかってみます。手のひらを上に向けて親指に沿って手首をさわります。脈拍を感じる場所に人差し指、中指、薬指の3本の指を軽くあてます。人差し指と薬指に少し力を入れるようにし、中指で脈を感じます。

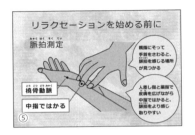

（全員ができているか確認する）それでは、今から20秒はかりますので、自分の脈拍の数を数えてください。

準備はいいですか？

それでは始めます。5秒前、4、3、2、1、スタート。（20秒後）はい、そこまで。

今、数えた脈拍数をワークシートの「前の脈拍」の欄に書いておいてください。

❻ では、次にその下の「今の気分はどうですか？」の表に、今の自分の気分をチェックしてみましょう。深く考えずに、直感で記入してみてください。

続きは、集団の質や環境にあわせて、次の2種類の体験（A：腹式呼吸　B：イメージ法）から、いずれかを選択します。また体験を組み合わせることもできます。

リラクセーション A：腹式呼吸

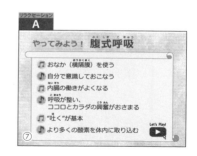

（ワークシート記入後）それでは、今日は腹式呼吸をやってみましょう。

腹式呼吸とは、お腹を使っておこなう呼吸のことです。ふだん行っている呼吸とは違い、自分で意識しておこなう呼吸になります。腹式呼吸をおこなうことで、内臓の働きがよくなったり、呼吸が整って、ココロとカラダの興奮がおさまると言われています。

息を吐くことが基本で、ふだんの呼吸より、より多くの酸素を体内に取り込むことができます。では、実際に体験してみましょう。

進行上のポイント

 をクリックして動画へ誘導します。

留意点）パワーポイント教材をお使いの PC にダウンロードして使用する場合や編集を加える際には、再度動画へのハイパーリンクの設定を行ってください。

・腹式呼吸（座位）・スキット（4：45）

今からリラクセーションをはじめます。

リラクセーションとは、カラダのよけいな力を抜き、気持ちを安定させることを言います。緊張してドキドキするときや不安なときにリラクセーションをすることで落ちつくことができます。

今日は、腹式呼吸の練習をしましょう。

始める前に守ってほしいことを言います。

周りの人にあたらないように適当な距離をとりましょう。

リラクセーションを行っている間は、しゃべったり、ちょっかいをかけたり、ほかの人の迷惑にならないようにします。

どうしてもやりたくないときは、静かに待っていましょう。

いすにできるだけ深く座ります。

お尻はしっかりといすのシートに、背中はしっかりと背もたれにあたるようにします。

カラダがゆがんでいないか、少しカラダを揺らして確認してみます。

左右のお尻が均等にいすのシートにあたっているか確認してください。

まっすぐに座っていることが確認できたら、カラダが筒になった状態をイメージします。

頭のてっぺんからコインを落とすと、どこにもあたらずにまっすぐに落ちて、お尻にぶつかることをイメージします。

軽くあごを引き、口は閉じましょう。

手は楽な位置におきます。

足がしっかりと地面についているか確認します。ついていなければ、両足の裏がしっかりと地面につくように座りなおしてください。

軽く目を閉じてください。

では、口から細く長く息を吐きます。

息を吐くとお腹がへっこんでいきます。

全部息が吐けたら、お腹の力を緩めましょう。自然に空気が入ってきます。

鼻からお腹いっぱいに空気を吸い込みましょう。

口から細く長く息を吐くとお腹がへこみ、鼻からゆっくり息を吸うとお腹が膨らんでいきます。

自分のお腹が呼吸に合わせて動くのを感じます。

自分のペースで続けていきます。

息を吐くときは、お腹の中からいやなこと、しんどいこと、ココロの中のもやもやしたものをすべて吐き出すイメージをします。

そして、吸う息とともに新鮮できれいな空気をお腹いっぱいに吸い込みましょう。

息を吐くとお腹がへこみ、息を吸うとお腹が膨らみます。

そのまま自分のペースで静かに続けていきます。

（30秒程度経過）

さぁ、手を握ったり開いたりしましょう。

ゆっくり目を開けます。

もう一度、手を握ったり開いたりしましょう。大きく伸びをして終わります。

BGM：陽だまりのふたり（quiche）
http://ameblo.jp/minaquiche

：イメージ法

（ワークシート記入後）それでは、今日はイメージを使ったリラクセーションを行ってみたいと思います。

五感をすべて利用してリラクセーションします。実際に体験するわけではありませんが、ココロの中で映画を楽しむように、鮮明で現実的なイメージを想像することによってリラクセーションします。自分自身が心休まる場所にいて、その場所で感じたり、聞いたり、味わったり、見たりすることをイメージします。今から、音楽と言葉に合わせて行っていきたいと思います。では、実際に体験してみましょう。

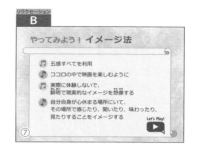

進行上のポイント

 をクリックして動画へ誘導します。

留意点）パワーポイント教材をお使いのPCにダウンロードして使用する場合や編集を加える際には、再度動画へのハイパーリンクの設定を行ってください。

・イメージ法・スキット（7：29）

「あなたの特別な場所」

イスにすわり、姿勢を正してください。手はひざの上におきましょう。

気楽に落ちついて、そして静かにしましょう。では、静かに目を閉じてください。

はじめに、右手を強くにぎって、ゲンコツをつくってください。

あなたの腕や手がどれくらい固いかに注意してください。

はい、手を開いて、力をゆっくりぬいてみましょう。

腕や手はやわらかく、そして重たく感じますね。

それでは、つぎに左手でゲンコツをつくって、さっきよりも少し強くにぎってみましょう。

腕や手の固さを感じましょう。

はい、手を開いていいですよ。今度は両手がやわらかく、そして重たく感じますね。

次は、足です。両方の足を上げてピンと伸ばし、かかとに力を入れてください。

両足が固くなっているのを感じてください。

はい、力をゆっくりぬいてください。両足が大変重たく感じますね。

次は、目です。目を力一杯ギュッとつむってください。顔の中心に力を集めるように。

はい、力をぬいて。ゆっくりと目を閉じた状態に戻ってください。

次は、上の歯と下の歯を強く合わせ、おこったときのように思いっきりかんでみましょう。

はい、力をぬいて。今度は、顔全体の力をぬいて、リラックスします。おだやかな気分ですね。

今度は、両肩を、耳につくくらいまで、グッとあげましょう。肩が固いですね。

両肩が固くなっていることを感じてください。

はい、肩を下げて、リラックスしましょう。さっきとはちがった感じがしますね。

次はお腹です。お腹に力を入れましょう。たいこのように強くお腹を張りましょう。

はい、力をぬいて、リラックス。静かにゆっくりと息を吸うと、お腹が動くのがわかりますね。

はい、体全体がリラックスして、重く感じますね。腕も、足も、顔も、そしてお腹も。

息を吐くと、より体が重く、ますます重く感じますね。

リラックスしようとしてはいけません。リラックスできるようになりますから。

息を吐くときはいつも、体が重く、重く、感じるようになります。

はい、今あなたは特別な場所にいると想像しましょう。

そこはとてもあなたが好きな場所で、安全で、そして、とても美しい場所です。

それは、実際にある場所でもいいし、あなたの空想の場所でもいいですよ。

いなかの海辺か公園のようなところかもしれません。

ひょっとしたらすてきな部屋の中かもしれません。

あなたのとても好きな人か、すてきな動物がいっしょかもしれません。

どんな所でもいいから、あなたの選んだ好きな場所のことをしばらく考えましょう。

あなたはとても楽しいひとときを過ごしています。しばらくそこにいましょう。

この特別な場所には、いつだって望みさえすれば戻ってこれます。

そこはあなたの場所なのです。そして、そこはいつも安全です。

その部屋に帰ってきたら、あなたは幸せを感じ、そして楽しい気分になります。

さあ、朝にするような伸びをゆっくりしましょう。

はい、目を開けて。体の中から、本当に気持ちがよくなってきたと感じましょう。

⑧ では、脈拍をはかってみたいと思います。先ほどのように準備をしてください。

手のひらを上に向けて親指の延長線上をたどっていき、脈拍を感じるところに人差し指、中指、薬指の3本の指を軽くあてます。

人差し指と薬指に少し力を入れるようにし、中指で脈を感じます。（全員ができているか確

認する）

それでは、今から20秒はかりますので、自分の脈拍数を数えてみてください。
準備はいいですか？
それでは始めます。5秒前、4、3、2、1、スタート。
（20秒後）はい、そこまで。
今、数えた脈拍数をワークシートの「後の脈拍」の欄に書いておいてください。

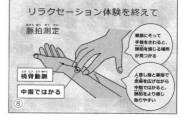

⑨ では、次にその下の「今の気分はどうですか？」の表の「後」の欄に今の自分の気分をチェックしてみましょう。
深く考えずに、直感で記入してみてください。

⑩ （ワークシート記入後）リラクセーションがうまくできていると、副交感神経が優位になるので呼吸がゆったりしたり、脈拍が下がります。今日ははかっていませんが、血圧も下がると言われています。
今日は、はじめての経験だった人も多いので、緊張感が高かったり、集中できなかったりしてうまくリラックスできなかった人もいると思いますが、何回か経験しているうちにリラックスできるようになりますので、緊張場面などに使ってみてください。
また、リラクセーションの最後には、ココロやカラダのリラックスを保ちながら「カラダを目覚めさせる方法」として最後にやったように伸びをしたり、手をグーパーしたりといった目覚めの動作（消去動作）をしておきましょう。

⑪ まとめです。今日はリラクセーションについて勉強しました。
不安や緊張が高まったとき、私たちはカラダに力を入れて乗り越えようとします。カラダに余分な力が入っているときには、ココロにも力が入って緊張してしまいます。そこで、カラダをほぐしてカラダの余分な力を抜くことで、ココロを安定させ、不安や緊張を少なくする方法をリラクセーションと言います。
効果としては、緊張がなくなって気分がすっきりする、冷静になってよい解決方法がみつかる、カラダがゆったりする、集中力が高まる、記憶力が増すなどがあります。

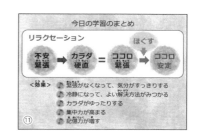

テストや試合、発表会の前など、不安や緊張を強く感じるときには、今日のことを思いだしてリラクセーションしてみましょう。これ以外にもリラックスする方法はいろいろあります。ほっとしてリラックスできる自分だけの方法を探しておきましょう。

5. 評価

チェック欄

• リラクセーションの体験に積極的に参加していたか。 ・・・・・・・・・・・・・・・・・・・・・・・・・・・・・・・・・ ☐
• 脈拍の変化や気分の変化を感じることができたか。 ・・・・・・・・・・・・・・・・・・・・・・・・・・・・・・・・・ ☐

1. ねらい

- 困ったときに自分から人に相談する力を育てるきっかけとする。

2. 指導者の思い・児童生徒へ伝えたいこと

様々なストレスコーピングの中で、人に相談する対処法は、大変効果的な方法である。人に話すと、イライラした気持ちや悲しい気持ちが少し落ちつく。自分が冷静になることができる。今後についても、一緒に考えてもらうことができる。そのため、自分から人に相談する援助希求力を持つことは重要である。

しかし、相談した相手がじっくりと話を聞いてくれる人とは限らない。すぐに意見を言う人もいるだろう。そこで、自分で相談相手をあらかじめ考えておくことが必要である。家族・先生・地域・友人の中で、自分にとって相談しやすい人を決めておくと、困ったときに相談しやすい。

この学習を通して、援助希求力を育てるきっかけになることを願っている。

3. 準備するもの

- 3-5：パワーポイント教材

4. 指導の実際

① 今日のテーマは「聞いて！ 聞いて！ ヘルプ・ミー」。今から、相談することの大切さについてお話をします。

② みなさんはイライラしたときや悲しいときに、誰かに相談したことがありますか。相談すると落ちつきます。今日は人に相談することの大切さを学びましょう。

③ 人は誰でもイライラします。腹が立ちます。落ちこみます。悲しくなります。これらは、人が誰でもあたりまえに持つ気持ちです。恥ずかしいことや悪いことではありません。このようなときは、人に相談してみましょう。

④ では、なぜ相談することは大切なのでしょうか。そのために、まずストレスの仕組みを学びましょう。イライラや悲しい原因は「ばかにされたり無視されたりした」ことです。これを「ストレッサー」と言います。「イライラや悲しい気持ち」を「心のストレス反応」と言います。イライラしたり悲しい気持ちになると、「キレたり何もしたくなくなる」行動に出ることがあります。

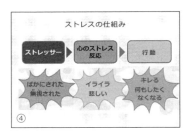

⑤ では、人に相談すると役に立つことはどんなことでしょう。一つ目は、心のストレス反応であるイライラや悲しい気持ちが落ちつきます。二つ目は、自分の悩みの原因であるストレッサーが整理できます。三つ目は、ストレスの原因を解決する方法を一緒に考えてもらえます。

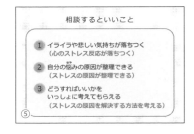

❻ では、どういう人に相談すればいいのでしょうか。「元気づけようとしてくれるタイプ」の人は、「がんばれ」「元気を出せ」「ファイト」などと言ってくれたり、「こうすればいいよ」「注意して見ておくよ」と解決案を教えてくれたりします。

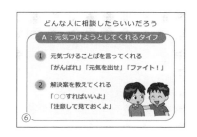

❼ 「話を聞いてくれるタイプ」の人は、話している途中で自分の考えを話さず、最後までじっくり聞いてくれます。「そうなんだ」「そうなの」「それはたいへんだね」「それはイライラするね」「それは悲しくなるね」などとうなづきながら聞いてくれます。

❽ では、みなさんは誰に相談すればいいのでしょうか。家族の中では、お父さん、お母さん、お兄ちゃん、お姉ちゃん、弟、妹、おじいちゃん、おばあちゃん、おじさん、おばさん。誰でしょうか。先生の中では誰でしょうか。担任の先生、学年の先生、保健室の先生、部活の先生、学校の相談員の先生、スクールカウンセラー。誰でしょうか。地域の中では誰でしょうか。近所の人、子ども会や地域の役員の人、塾や習い事の先生、電話で相談できるところ。誰でしょうか。友だちの中では誰でしょうか。同じクラスの人、同じ学年で違うクラスの人、違う学年の人、違う学校の人。誰でしょうか。

❾ この5重円の中心にある★（星）印はあなた自身です。あなたから一番話しやすい人が、★の近くにいます。その次に話しやすい人が、その外の円に入ります。このようにして、自分にとって話しやすい人を順番に決めておくと良いと思います。

❿ 今までの説明をまとめます。人に相談するとイライラや悲しい気持ちが落ちつきます。人に相談するとどうすればいいか一緒に考えてもらえます。だから、誰に相談すればいいかを考えておきましょう。
最後に、あなたの周りにはあなたのことを心配している人が必ずいます。
「聞いて！ 聞いて！ ヘルプ・ミー！ 私を助けて！」困ったときは勇気を出して相談してみ

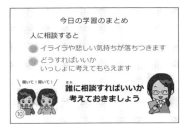

ましょう。

5. 評価

チェック欄

• 関心を持って説明を聞くことができたか。 ・・・・・・・・・・・・・・・・・・・・・・・・・・・・・・・・・・・・・・・ ☐
• 人に相談することの大切さを理解できたか。 ・・・・・・・・・・・・・・・・・・・・・・・・・・・・・・・ ☐

1. ねらい

- 冷静で合理的なものの見方をして、ストレスをためないようにする。

2. 指導者の思い・児童生徒へ伝えたいこと

思春期にある中学生は心身の成長によるストレスに強く影響される。身体の変化、対人関係、そして自我同一性の確立という大人への準備期にあたるため精神的な変動が大きく、傷つきやすい。しかし同時に、知的な処理が可能となり判断能力も身についていくため、様々なストレッサーに対して知的な処理でコーピングしうる可能性が高まる時期でもある。
今までよりも少しばかり考える工夫をして、少しばかり楽な生活を送る方法を学べば、勉学や友だちづきあいにあまり悩まされないようになることが期待される。

3. 準備するもの

- 3-6：パワーポイント教材

4. 指導の実際

① 今日のテーマは「ものの見方で気持ちが楽に」です。今からみなさんにいろいろと考えてもらいますね。

② 私たちの日常生活には、いろいろなことがありますね。例えば、転校したとか、友だちとケンカしたとか、テストでよい点数をとったとか、家族旅行でスキーをしたとか、数えればキリがありませんね。今日、みなさんにはどんなできごとがありましたか。（問診的な発問をする）生活の中でおこるいろいろなできごとに対してみなさんはどう思っているかしら？ 楽しいな、いやだな、ゆううつだな、と感じたり考えたりしていることでしょう。

③ ではこういうとき、あなたはどう感じるでしょうか？

事例1　わたしは最近、隣の席の○○さんといっしょに学習をすることが多いです。学校へ行くのが楽しくて仕方がありません。朝が待ち遠しくて、朝になるととても気持ちよく登校します。

④ このようなとき、まずあなたは「一緒に学習をしている」というできごとを体験しています。次に、このできごとについて「楽しいこと」と考えます。最後に、学校が楽しくて「気持ちよく登校する」という結果が続きます。できごと、考え、そしてその結果による気持ちの現れ、この順番はどのようなときでもおこります。

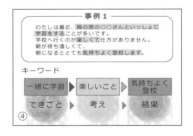

⑤ それでは次のようなとき、できごと、考え、結果の順番はどうでしょう。

事例2　わたしは友だちに漫画の本を貸してあげました。ところが、いつまで待っても返してくれません。できるだけ早く返して欲しい、せっかく貸してあげたのに、本当に返してくれるかと心配になってきました。平気で話しかけてくる友だちの顔を見るとイライラし、気分がめいっていきます。

できごとは何でしょうか。発表してください。（発表させる）では、考えは何でしょう。（発表させる）最後にその結果を発表してください。（発表させる）

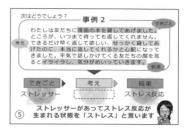

どうですか。どんなできごとでも、そのことについて何か考え、結果として気分や行動が生まれることがわかりましたね。このできごとを「ストレッサー」というストレスの元、そしてそのストレスの元を楽しいこととか心配なことと考えます。この考えはストレッサーをどのように受け取るか、すなわちできごとをどう「判断」するかということになります。心配とかイヤとか困ったという考えはストレッサーという「できごと」への見方を示しています。そして、最後に結果としての気分の変化が生まれます。気分の変化という結果は「ストレス反応」と言われていて、たいていはイライラ、あせり、不安、恐怖などのよくない気分が生まれやすいです。

そして、ストレッサーがあって何かのストレス反応が生まれる、こういう状態が、私たちがよく耳にする「ストレス」というものになります。

⑥ では、次はどうでしょう。どんな風に感じますか。

事例3　朝、学校で友だちと顔を合わせたのであいさつをしました。しかし、友だちからのあいさつはありませんでした。

こんなとき、あなたは友だちのふるまいをどのように受け取りますか？　考えてみてください。あいさつがなかっ

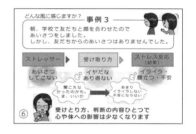

たことに「イヤだな」と思ったり、「こんなことあり得ない」と考えたりしたら、ストレス反応はイライラとか腹立ちとか不安とか感じてしまうでしょうね。

でも、「私のあいさつが聞こえなかったのかも」とか「ま、いいか」と受け取っていたら、ストレス反応はどうなるでしょうか？　イライラはおこりにくいし、不安になることも少ないように思えますね。ストレッサーとストレス反応の間にある受け取り方・判断の内容ひとつで心や体への影響は少なくなります。つまり、ストレス反応はものの見方によっておこらなかったり、その程度が低くなったりするということです。

⑦ では最後のワークです。

事例3で、あなただけのストレス反応を弱める受け取り方を考えましょう。

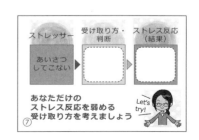

. 評価

- 心理的ストレス過程の流れを理解したうえで、ストレスをためない受け取り方・判断を選び出しているか。……………………………………………………………… ☐

第4章 １単位時間で 集団を対象に行うストレスマネジメント教育

♣ パワーポイントの表示にあわせて授業が展開できます。子どもたちとやり取りをしながら進めてください。

♣ パワーポイント教材は編集可能です。各校の実態に合わせてお使いください。

① そのときストップ法　あとでスッキリ法

対象 低学年 中学年 高学年 中学生 高校生

1. ねらい

- イライラの原因（ストレッサー）に気づく。
- イライラが原因になる行動（よくないコーピング）に気づく。
- 暴力・暴言をストップする対処法（そのときストップ法）を知る。
- イライラした気持ちを解消する適切な対処法（あとでスッキリ法）を知る。

2. 指導者の思い・児童生徒へ伝えたいこと

学校の中では、日常的に暴力暴言によるトラブルが発生している。発生後は加害児童生徒を指導することが多いが、被害児童生徒の言動にも原因があることが多い。このようなトラブルを防止するために、ストレスマネジメント教育を導入して、トラブルの原因と結果と対処法の構造を理解させれば、トラブル防止に効果的だと考えた。

そこで、「イライラ」という心理的ストレス反応に焦点化し、ストレッサーを「イライラのもと」、行動を「イライラによってしたこと」と提示すればわかりやすいと考えた。

また、対処法については、イライラした「そのときの対処法」と「あとでの対処法」に分け、「そのときストップ法」と「あとでスッキリ法」と提示すればわかりやすいと考えた。

3. 指導略案

時　間		学　習　活　動	資　料	ppt
導入	3分	学習のねらいを知る		①②
展開1 まとめ1	10分	自分のイライラのもとに気づく	ワークシート表面左側	③-⑤
展開2 まとめ2	10分	イライラがもとになって行った自分のマイナス面の行動に気づく	ワークシート表面右側	⑥-⑧

| 展開3
まとめ3 | 10分 | 「そのときストップ」する方法を考える | ワークシート裏面左側 | ⑨-⑪ |
| 展開4
まとめ4 | 10分
2分 | 「あとでスッキリ」する方法を考える
学習の感想を書く | ワークシート裏面中央
ワークシート裏面右側 | ⑫-⑮ |

4. 準備するもの

- 4-1-1：ワークシート（表）
- 4-1-2：ワークシート（裏）※両面で印刷してください。
  （表面「イライラのもと・イライラでしたこと」記入用／裏面「そのときストップ法・あとでスッキリ法・感想」記入用）
- 4-1：パワーポイント教材

4-1-1（表）

4-1-2（裏）

―＊指導の前に＊――
授業を始める前に、座席をとなりの子どもと離して一列ずつにします。

5. 指導の実際

1　導　入

 3分　**学習のねらいを知る**

① 今日は、トラブルにならない方法として、「そのときストップ法」「あとでスッキリ法」を学習します。

② 学校の中では、何かイヤなことを言われたりされたりして、イライラして、カッとなって、相手をたたいたり、なぐったり、けったり、ひどいことを言ったりすることがあります。この時間は、イライラして、カッとなっても、相手に暴力や暴言をしない方法を学びます。（ワークシートを配付）今配ったプリントに学年・組・名前・日付を書きましょう。

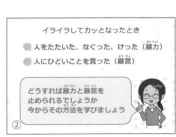

2 展開1・まとめ1

 10分　自分のイライラのもとに気づく

③ 書けましたか。それでは画面を見てください。心の中がイライラするときは、必ず原因があります。これを「イライラのもと」と言います。

④ みなさんは、学校の中でどんなことを言われたりされたら、イライラしますか。プリントの「イライラのもと」の場所に、「言われたことば」「されたこと」をいくつでもいいので書いてください。ただし、相手の名前は書かないようにしてください。（ワークシートに記入させる）

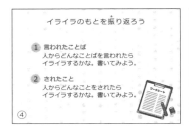

進行上のポイント

集団登下校をしている学校では、登下校の時間も含めて考えます。ただし、家庭の中は含めません。

書けましたか。それでは発表してもらいます。発表したい人はどうぞ。ただし、相手の名前は言わないようにしてください。（発表させる）

進行上のポイント

子どもたち同士でイライラのもとを知り合うことも大切なので、同じ内容でも発表させてかまいません。
また、発表した内容は、黒板に板書しても良いです。

⑤ （発表の後）よく発表してくれましたね。それでは今から、イライラのもとをまとめてみたいと思います。このクラスで多かった内容は、「言われたことば」は多い順に（1）（2）（3）が多かったですね。「されたこと」は多い順に（1）（2）（3）が多かったですね。

84

> **進行上のポイント**
>
> 子どもたちの発表の結果から多い順にまとめます。黒板に板書しても良いです。発表内容を黒板に板書している場合は、○をつけるなどしても良いです。

3　展開2・まとめ2

 10分　**イライラがもとになって行った自分のマイナス面の行動に気づく**

⑥ では、画面を見てください。例えば、「ばかにされたこと」が「イライラのもと」になって、心の中が「イライラ」します。そして、相手の人への「暴力」や「暴言」が「イライラしてしたこと」です。

⑦ みなさんはイライラしたとき、どんなことをしてきましたか。自分にとって恥ずかしいこともあるかもしれませんが、イライラしたときに相手に「言ったことば」と「したこと」をいくつか書いてください。（ワークシートに記入させる）書けましたか。それでは発表してもらいます。発表したい人は「言ったことば」と「したこと」を、どちらかひとつでも、両方でもいいので発表してください。（発表させる）

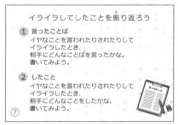

> **進行上のポイント**
>
> 子どもにとって恥ずかしい内容もあるので、無理には発表させないようにします。また、発表内容は、黒板に板書しても良いです。

⑧ （発表の後）よく発表してくれましたね。言ったことばは多い順に（1）（2）（3）が多かったですね。「したこと」は多い順に（1）（2）（3）が多かったですね。

進行上のポイント

子どもたちの発表の結果から多い順にまとめます。黒板に板書しても良いです。発表内容を黒板に板書している場合は、○をつけるなどしても良いです。

---

4 展開3・まとめ3

 10分　「そのときストップ」する方法を考える

⑨ おさらいです。「イライラのもと」が「ばかにされたこと」、「心の中」が「イライラ」、「イライラしてしたこと」が相手への「暴力」や「暴言」でしたね。では今から、イライラしたそのときに暴力や暴言を止める方法について考えます。この方法を「そのときストップ法」と言います。

⑩ プリントの裏を開けてください。イライラして相手の人にひどいことを言ったり、したりするのはよくありません。ではどうすれば、イライラしたそのときにストップできるでしょうか。プリントの「そのときストップ法」の場所に、自分で考えた方法を書きましょう。（ワークシートに記入させる）書けましたか。それでは発表してもらいます。発表したい人はどうぞ。同じ内容を先に言われたときは、できるだけ違う内容を発表してください。（発表させる）

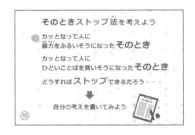

進行上のポイント

発表した内容は、黒板に板書しても良いです。

⑪ （発表の後）いろいろな意見が出ましたね。それでは、「そのときストップ法」をまとめてみます。一つ目は「その場所から離れる、その人から離れる」という方法です。このようにすれば、相手の人にひどいことをしたり言ったりすることはできません。二つ目は、気をそらせる方法です。「相手の顔を見ない」「数を数える」「心の中でがまんがまんと言う」などです。三つ目は、深呼吸です。思い切り息を吐いて吸えば少し落ちつくことができます。その他に、自分でうまくできそうな方法を使ってみてください。

5 展開4

10分 「あとでスッキリ」する方法を考える

⑫ ではまた画面を見てください。「イライラのもと」が「ばかにされたこと」、「心の中」が「イライラ」、「イライラしてしたこと」が相手への「暴力」や「暴言」、そして、イライラしたそのときに「暴力」や「暴言」を止める方法を「そのときストップ法」と言うことを学びましたね。ただ、「そのときストップ法」を使って、そのときに「暴力」や「暴言」をストップできたとしても、イライラのもとや心の中のイライラは残っています。このイライラのもとを解決したり、イライラした気持ちを解消させたりする方法を「あとでスッキリ法」と言います。

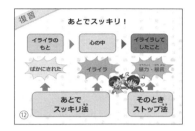

⑬ ではどうすれば、スッキリできるのでしょう。プリントの「あとでスッキリ法」の場所に、自分で考えた方法を書きましょう。この「あとでスッキリ法」は、学校でできる方法でも、家に帰ってからできる方法でも、どちらでも良いです。（ワークシートに記入させる）書けましたか。それでは発表してもらいます。発表したい人はどうぞ。同じ内容を先に言われたときは、できるだけ違う内容を発表してください。（発表させる）

進行上のポイント

発表した内容は、黒板に板書しても良いです。

⑭ （発表の後）今回もいろいろな意見が出ましたね。それでは「あとでスッキリ法」をまとめてみます。大きくまとめると、「体を動かす方法」「リラックスする方法」「何かに熱中する方法」「人に相談する方法」などがあります。どれを使ってもいいです。自分で考えた方法も使ってください。この中で特に使ってほしい方法は、「人に相談する方法」です。友だち・家の人・先生などに相談してみてください。

6　まとめ4

 2分　学習の感想を書く

⑮ 今日は、「そのときストップ法」「あとでスッキリ法」について学習しました。今日学習した方法を参考にしながら、自分で考えた方法も使ってトラブルにならないようにしたいですね。それでは、最後に学習した感想をワークシートに記入してください。（ワークシートに記入させる）

5．評価　（ワークシートに記入された内容を下記の観点で評価します）　　チェック欄

- 「言われたことば」「されたこと」について、今までの自分をよく振り返って記入したか。……☐
- 「言ったことば」「したこと」について、今までの自分をよく振り返って記入したか。………☐
- そのときに使える適切な「そのときストップ法」を考えて記入したか。………………☐
- あとで使える適切な「あとでスッキリ法」を考えて記入したか。………………………☐

第4章　集団を対象に1単位時間で行うストレスマネジメント教育

❷ STOP！ イライラ大作戦

対象　低学年　中学年　高学年　中学生　高校生

1. ねらい

- 怒りの影響を知る。
- 自分の怒りについて知る。
- イライラへの対処法（STOP）を知る。

2. 指導者の思い・児童生徒へ伝えたいこと

子どもたちは日常生活の中で、比較的簡単に「イライラする」や「ムカつく」など怒りの言葉を口にする。イライラやムカつくなど怒りの感情は、持ってはいけない感情なのではなく、その表出の仕方や、その感情から受ける心身への悪影響が問題となる。
この授業では、怒りの感情が心身だけではなく、周りの人間や経済に与える影響を知るとともに、その感情をうまくコントロールして無用なトラブルを避ける方法を学ばせたい。

3. 指導略案

	時間	学習活動	資料	ppt
導入	2分	ストレスをイメージする 今日の目標を知る		①
展開	5分	ストレスの発生メカニズムについて知る		②③
	10分	怒りの影響を知る（ココロ、カラダ、人、経済）	ワークシート①、②	④-⑦
	15分	自分の怒りに気づく		⑧
	8分	怒りへの対処法を知る		⑨-⑫
まとめ	5分	イライラしてはいけないのではなく、イライラしたときはその気持ちをうまくコントロールして、無用なトラブルを避けられるようにする		⑬

4. 準備するもの

- 💿 4-2-1：ワークシート①
- 💿 4-2-2：ワークシート②
- 💿 4-2：パワーポイント教材

5. 指導の実際

1 導入

 2分　ストレスをイメージする・今日の目標を知る

① 今日は、みなさんがふだんからよく感じているいろいろなストレスの中から、イライラに代表される"怒り"について考えてみたいと思います。

怒ることって、みなさんが生活する中で当然のようにありますよね。怒りの感情がわくのはとても自然なことで、決して悪いことではないと思います。でも、怒り方によってはトラブルになったり、自分や相手を傷つけてしまったりすることがあります。そうなるとお互いに不愉快ですし、そんなことばかり繰り返していたら学校で居心地も悪くなってしまいます。

今日は、そうならないように、怒りの感情と上手につきあっていくコツについて楽しく学習していきたいと思います。

2 展開

 5分　ストレスの発生メカニズムについて知る

② はじめに、ストレスの発生メカニズムについてお話しします。私たちは何かできごとがおこると、そのできごとを自分にとって"よい（GOOD!）"か"悪い（BAD!）"か"関係ない（NOTHING）"かの三つに意味づけします。このとき、おこったできごとのことを「ストレッサー」、"よい""悪い""関係ない"と意味づけすることを「認

第4章　集団を対象に1単位時間で行うストレスマネジメント教育

知的評価」と言います。

③ 悪いと意味づけした場合、ココロやカラダにいろいろな反応がでてきます。例えば、集中できない、イライラする、落ち込む、食欲がない、眠れないなどです。このようなココロとカラダにあらわれる反応を「ストレス反応」と言います。
このココロとカラダの反応が長期間続くと、私たちに大きな負担となって、精神の不調や病気の原因になります。それを防ぐためには、よいコーピングをたくさん持って、使いこなしていくことが大事です。

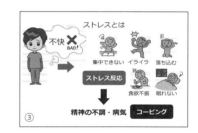

 10分　怒りの影響を知る

④ 人間だから、怒ってしまう、ムカついてキレそうになるのは当然のことです。だからといって、いつでも感じたままに怒ってもいいのでしょうか？ ダメですよね。何がダメなのかというと、それは表現の仕方、あらわし方です。ムカついたり、キレたりという感情を感じたままに表現していると、自分や周りの人にいろいろな影響を与えます。

⑤ まず、ココロに与える影響には次のようなものがあります。
怒れば怒るほど怒りっぽくなってしまい、「怒り」が習慣化します。そうやって、常に怒りやすくなってくると気持ちが不安定になってきます。さらに、キレてしまうとその瞬間はスッキリしますが、しばらくすると落ち込んだり、罪悪感に襲われたりします。

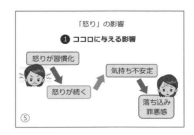

⑥ 次に、カラダに与える影響です。
怒りの状態は、カラダを戦闘モードにします。例えば、心拍数が増えたり、筋肉に力を入れたり、呼吸が早くなったり荒くなったりというように、余分なエネルギーを使うことになります。怒りが慢性化すれば心臓発作をおこしたり、免疫力が低下したり病気になりやすくなると言

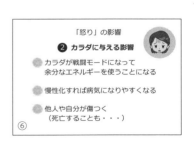

われています。また、怒りによる暴力行動によって、他人を傷つけたり、自分が傷ついたりします。ときには死亡することにもなってしまいます。

❼ それから、人に与える影響もあります。
怒りに対して相手も怒りが生まれるためケンカが増えます。仲間関係がうまくいかないということにもなります。経済にも影響を与えます。
暴力によって物を壊してしまうと、その修繕や弁償にお金がかかります。また、誰かを傷つけてしまったり、自分が傷ついたりすると、治療費が発生します。
どうですか。改めて考えると、怒りの影響はいろいろありますね。

15分　自分の怒りに気づく

❽ それでは、怒りの影響がわかったところで、今から自分の怒りについて考えてみましょう。（ワークシート①、②を配付）ワークシート①を見てください。質問に答えて、自分がどんなときに「怒り」を感じているか振り返ってみましょう。（ワークシートに記入させる）できましたか。それでは次はワークシート②を見てください。今度は、自分が怒りを感じているときのカラダの変化について考えてみましょう。質問を読んであてはまるものに○をつけてください。（ワークシートに記入させる）

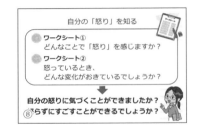

進行上のポイント

ワークシートを記入している間、指導者は机間巡視をしながらフォローすると良いです。

できましたか。自分がどんなときに「怒り」を感じてしまうのか、「怒り」を感じたとき、カラダがどう変化するのか振り返ることができたと思います。自分がどんなときに怒ってしまうのかに気づくことができましたね。これで、怒らずにすごすことができますね。と言いたいところですが、なかなかそうもいきませんね。では、怒ってしまったらどうしたらいいでしょうか？

8分 怒りへの対処法を知る

⑨ 今日、覚えてほしいのはSTOP！ 大作戦という対処法です。
まず、STOPのS。これは深呼吸のSです。吐く息に意識を向けて、ゆっくりと大きく深呼吸をします。
リラックスするための10秒呼吸法という良い方法がありますので、やってみたいと思います。
1、2、3で鼻から息を吸い込み、4で呼吸を止めて5、6、7、8、9、10で口からゆっくりと息を吐きます。自分のペースで少しやってみましょう。（20〜30秒自由にやらせてみる）

⑩ 次はSTOPのT。立ち去るです。自分が怒っているな、怒りそうだなと感じたときは、その場から立ち去ってみましょう。どうしてもムリなときは目を閉じて1、2、3・・・と10まで数えてみます。

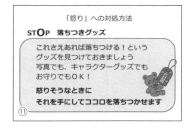

⑪ 3番目はSTOPのO。これは、落ちつきグッズのOです。これさえあれば落ちつけるというグッズを見つけておいて、怒りそうになったときにはそれを持って心を落ちつかせてみましょう。

⑫ 最後はSTOPのP。プルプルです。怒っているな、怒りそうだなと感じるときは、ココロにもカラダにも余分な力が入っていることが多くあります。それをうまく抜くコツは、思いっきり力を入れてから抜くことです。腕や肩に力を入れてプルプル。そして5秒ガマン。一気に力を抜きます。すると、リラックス感を感じることができます。ほかにも、顔とか、寝転がってカラダ全体、腕だけ、肩だけを行ってもOKです。
一度試してみましょう。腕と肩に力を入れてください。そして5秒ガマン、はい一気に力を抜いてください。どうですか。うまくできましたか。

3　まとめ

 5分　**本時のまとめをする**

⑬ 今日の学習のまとめをします。怒りの感情は誰もが当然持っている感情で、イライラしたり、ムカついたりしてしまうのはあたり前です。でも、だからといっていつでも好きなように怒っていいのかというとそうではありません。
むやみに怒ることは自分や周りにいろいろ影響を与えて、大きなトラブルの原因にもなります。
ワークシートで見つけた「怒っているな」という自分のサインに気づいたら、今日学習したSTOP！大作戦で、怒りの感情をうまくコントロールしましょう。

5．評価

チェック欄

- ワークシートに積極的に取り組んでいたか。 ……………………………………………… ☐
- 怒りの影響について理解したか。 ……………………………………………………………… ☐
- イライラの対処法について理解したか。 ………………………………………………… ☐

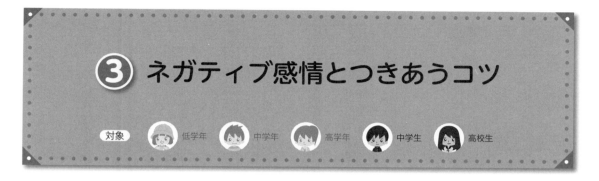

1. ねらい

- 感情の発生、ネガティブ感情について知る。
- できごとの受け止め方によって、生まれる感情が変わることを知る。
- 常に物事のいろいろな面を見て、柔軟な考え方ができるようになる。

2. 指導者の思い・児童生徒へ伝えたいこと

自分の考え方のクセを知り、コントロールすることができれば、ストレスから受ける影響を小さくすることができる。なかでもネガティブ感情と言われる、怒りや不安、落ち込みといった感情に適切に対処できるようになることが大切である。
この授業では、ネガティブ感情を生み出しやすくする考え方のクセにとらわれることなく、ものの見方を変えることでネガティブ感情とうまくつきあっていくことを目的とした。「ネガティブ感情をなくしてしまう」、「ネガティブ感情を生み出さないようにしよう」ということではなく、ネガティブ感情を否定せずにうまくつきあっていくことを目指す。

3. 指導略案

時間		学習活動	資料	ppt
導入	8分	感情の発生について知る ネガティブ感情の定義、特徴について知る		①-⑥ ⑦-⑩
展開	18分	1．自分の考え方のクセ 考え方のクセを知ろう！Part 1と考え方のクセを知ろう！Part 2のワークから、自分の考え方のクセを知る	ワークシート① ワークシート②	⑪-⑮
	9分	2．ネガティブ感情をおこしやすい考え方のクセの特徴 「先読み（予想屋）」「べき思考（カンペキ）」「思い込み（いちず）」「深読み（メンタリスト）」「自己批判（じぎゃく）」「白黒思考（オセロ）」の6つの考え方のクセ（認知のゆがみ）について理解する		⑯-㉒

展開		自分に都合がいいように物事を解釈する人間の認知のクセについて知る		㉓
	10分	3．考え方を変える練習をする 事例をもとに考え方を変える練習をする できるだけネガティブ感情が少なくなる考え方がないか考える	ワークシート③	㉔㉕
	2分	4．ネガティブ感情とつきあうコツを知る ネガティブ感情とつきあうコツは「ネガティブ感情に気づく」、「自分の考え方のクセを知る」、「考え方を変える」の3つであることを知る 考え方によって感情が決まり、考え方を変えれば感情が変わることを知る		㉖
まとめ	3分	ネガティブ感情はごく当たり前の感情であり、ネガティブ感情を持つことではなくネガティブ感情に支配され心身に悪影響を及ぼすことが問題 ネガティブ感情とつきあうコツは「ネガティブ感情に気づく」、「自分の考え方のクセを知る」、「考え方を変える」の3つ 考え方によって感情が決まり、考え方を変えれば感情が変わる （「考え方のクセを知ろう！ Part 3」を配付して終わる）	資料	㉗㉘

4．準備するもの

- ◎ 4-3-1：ワークシート①「考え方のクセを知ろう！ パート1」
- ◎ 4-3-2：ワークシート②「考え方のクセを知ろう！ パート2」
- ◎ 4-3-3：ワークシート③「考え方を変えてみよう」
- ◎ 4-3-4：資料「考え方のクセを知ろう！ パート3」　　　・◎ 4-3：パワーポイント教材

ワークシート：4-3-1  4-3-2 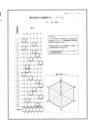 4-3-3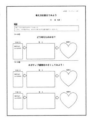

資料：4-3-4

（イラスト提供 mina　http://ameblo.jp/minaquiche）

第4章　集団を対象に1単位時間で行うストレスマネジメント教育

5. 指導の実際

1 導　入

 3分　**感情の発生について知る**

① 今日の学習のテーマは「ネガティブ感情とつきあうコツ」です。みなさん、今の気持ちはどうですか。どんなことするのかなってワクワクしたりしていますか。

② 今日は自分の感情、気持ちに注目します。その中でも、ネガティブ感情と言われる、イライラしたり、ムカムカしたり、うっとうしくなったりというような感情をメインに考えていきます。

③ 私たちは、同じできごとに出会っても、そのときの感情が違っていることがよくあります。それでは感情や気持ちはどうやって生まれてくると思いますか？

④ 例えば、友だちと会ったのであいさつをした。ところが、友だちは何にも言ってくれなかった。こんなとき、みなさんはどんな風に感じますか？

⑤ 「感情」が生まれてくるには、私たちの考え方が大きく関わっています。私たちの感情は、そのとき頭に浮かんだ考え、つまり心のつぶやきの影響を受けます。何かできごとがおきたときに、勝手に感情が生まれるのではなく、そのとき頭に浮かんだ考え、心のつぶやきによって、生まれる感情は変わるのです。

97

⑥ 何かできごとがおきたとき、私たちの頭の中に瞬間的に、いろんな考えが浮かんで、それに影響されて感情が生まれ、行動が決まります。この場合、「もうしゃべらない！」と怒ってしまいました。

 5分　ネガティブ感情の定義、特徴について知る

⑦ 今日、考えていく「イライラ」とか「ムカムカ」に代表されるようなネガティブ感情とは、イヤな気持ちをおこさせるもので、ごくごくあたり前の感情です。生きている限り誰でも感じる自然な感情なので、悪いことでも、隠すことでもありません。ただ、ネガティブ感情を感じていることを、しっかり認識しておくことが大切になります。

⑧ ネガティブ感情が生まれる条件は、
- 状況をきちんと確認しないままに「こうに違いない」と思い込む
- 物事を悪いように考える
- 今、自分のしていること、先のことをありのままに考えられていない
- 自分の周りの人を大切にするには、どうすればいいかも考えられていない

などがあります。

⑨ しかし、一方で、
- 不安を感じることで、むやみに危険に近づかない、そして自分自身を危険から守ることができる
- 失敗した悔しさがあるから、次の成功につながる
- 苦しみを通り抜けて得られる満足感がある
- 悲しみを知っているので、人の悲しみに共感できる

というような面も持っています。

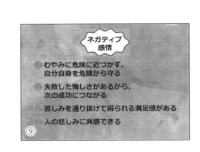

⑩ ネガティブ感情はそれを持つことが問題なのではなくて、例えば、イライラが続く、気分が落ち込む、頭が痛い、眠れない、お腹が痛いといったネガティブ感情によって引きおこされ

るココロやカラダへの悪影響が問題になります。
うまくコントロールできないとネガティブ感情に支配されてしまい、必要以上に攻撃的になったり、やる気がなくなったりといった行動につながってしまいます。
また友だちや周りの人がイライラしていたら自分まで不愉快な気持ちになってしまうように、感情というのは人から人に伝染していくので、コントロールすることが大切になります。
今日はネガティブ感情とうまくつきあっていくコツを学びたいと思います。

2 展　開

 18分　自分の考え方のクセを知る

⑪ それではまずはじめに、自分の考え方のクセを調べてみましょう。ワークシート①を見てください。それぞれの質問を読んであてはまる数字に○をつけてください。（ワークシート①②を配付し、ワークシート①に記入させる。机間巡視しながらフォローする）

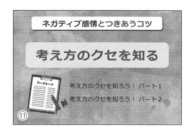

⑫ （記入の後）続いて、今やったパート1で○をつけた数字を、ワークシート②パート2の□に書き入れましょう。パート1の質問番号と同じ質問番号の□の中に書き入れてください。（ワークシート②に記入させる。机間巡視しながらフォローする）パート1の質問1で3に○をつけたら、パート2の1の□の中に3と、質問2で2に○をつけたら、パート2の2の□の中に2と、質問3で4に○をつけたら、パート2の3の□に4と書き入れます。□の位置がガタガタでわかりにくいですが、間違えないように書いていきましょう。

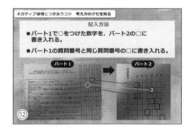

⑬ （記入の後）書けたら、区分AからFの□に入った数字を、たてに合計して、下の合計点のらんに記入します。（ワークシート②に記入させる）

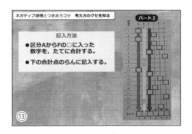

⑭ （記入の後）その合計点を考え方チャートにつけて、それぞれの点を線で結んでください。（ワークシート②に記入させる）それでは、考え方チャートを見てみましょう。

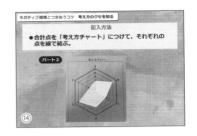

⑮ この「考え方チャート」は、自分の「考え方のクセ」を知るためのものです。外側に近ければ近いほど、そのクセが強いことを意味しています。できあがったチャートの形や、大きさ、点数にこだわる必要はありません。
私たちは、自分の考え方のクセに支配されて毎日を過ごしています。ネガティブ感情もそういった考え方のクセから生まれてきます。AからFとしてあげた考え方のクセは、ネガティブ感情を生み出しやすい考え方のクセだと言われています。
では、具体的に考え方のクセを見ていきましょう。

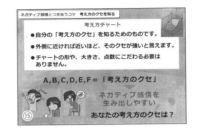

 9分　ネガティブ感情をおこしやすい考え方のクセの特徴を知る

⑯ Aのクセから見ていきましょう。Aのクセが一番大きくなった人はどれくらいいますか？　手をあげてください。
Aのクセは「先読み」です。"予想屋"と名前をつけました。
このクセが強い人は、きっと失敗するに違いない、うまくいくわけがないと、多くの可能性があるのに確かめる前から悪い予想を立ててしまいがちです。でも、その一方で、ミスが少なくてすむ慎重さも持っています。

⑰ では、次はBのクセが一番大きかった人？　手をあげてください。
Bのクセは「べき思考」、"カンペキ"と名前をつけました。
このクセの強い人は、こうすべき！　○○しなければならない！　と必要以上に自分にプレッシャーをかける、こだわりすぎな部分があります。
しかし、決めたらやり通すというような意志の強さも持っています。

⑱ では次はC。Cのクセが一番大きかった人？（挙手で確認する）

Cのクセは「思い込み」です。"いちず"と名前をつけました。

このクセの強い人は、いつも○○だ、必ず○○だと自分の失敗は大きく、他人の失敗は極端に小さくとらえて、すぐに自分はダメ人間だ、と思ってしまいがちです。

しかし、割り切りがいいとか、迷わず前進していけるという特徴もあります。

⑲ では、Dにいきましょう。Dのクセが一番大きくなった人？（挙手で確認する）

Dのクセは「深読み」、"メンタリスト"です。

このクセの強い人は、相手の人の気持ちを一方的に推測して、「きっとあの人は○○と考えているに違いない」と考えがち。人の心を読む読心術の専門家みたいなところがあります。

その一方で、相手の表情を読んだり気配りができるといった面もあります。

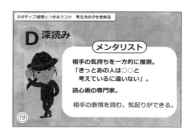

⑳ E。Eのクセが一番大きくなった人？（挙手で確認する）

Eのクセは「自己批判」です。"じぎゃく"と名前をつけました。

このクセの強い人は、物事の責任、原因は全部自分にあると考えて、自分を責める傾向にあります。勝手に責任を感じてしまいます。

しかし、この人たちは人にせいにしない、原因を振り返る強さを持っているとも言えます。

㉑ 最後にFです。Fのクセが一番大きくなった人？（挙手で確認する）

Fのクセは「白黒思考」です。"オセロ"と名前をつけました。

このクセの強い人は、完璧にできなかった自分はダメ、いつも完璧にしなければダメ、と、好きか嫌いか、成功か失敗かと物事を白か黒かはっきりさせないと気が済まないというクセになります。

でも、物事の判断基準がはっきりしているところもあります。

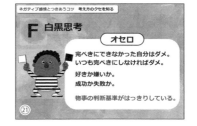

㉒ 今見てきたように、私たちの頭の中には、このような6人のキャラクターがいます。そして、この6人のバランスで私たち一人ひとりの個性は作り出されています。6人のキャラクターは、今までみなさんが生きてきた経験や環境、周りの人が言った言葉などによってみなさん自身が育ててきたキャラクターです。

このバランスは、この先決して変わらないものではなく、これから先の経験やいろいろな出会いなどでどんどん変わっていくものです。自分の性格を決めてしまうものではありません。だから、今日のこの結果は、あくまでも今日の結果だと思ってくださいね。

㉓ 先ほどの、あいさつしたのに無視された例を見てみましょう。

頭の中で、いろんな考えが生まれましたが、その中で「あいさつはするものだ」「私も無視しよう」という自分に都合のいい考えだけが残り、イライラモヤモヤした気分になってしまいました。

私たちは、自分の頭に浮かぶことが正しいと思いがちで、自分に都合のいいように結論をだす特徴があります。でも、そんな風に自分に都合のいいメッセージだけで物事を考えて行動していると、ネガティブ感情が生まれやすくなります。

10分 考え方を変える練習をする

㉔ ここで、事例をもとにして考え方を変える練習をしてみましょう。（ワークシート③を配付）

事例：向こうから友だちがやってきました。しかし、その友だちは、あなたに気づかずに通りすぎていきました。では、ワーク①をやってみましょう。事例の「あなた」になったつもりで、友だちに無視されたというできごと

に対して、「あなた」はどう考えたか、どんな気分になったか考えてみましょう。（机間巡視しながらフォローする。時間的に制約がある場合は、時間を切って考えさせても良い）

では、ほかの考え方をしてみましょう。ワーク②を見てください。ワーク①で考えた考え方のほかに、できるだけネガティブ感情が小さくなるような考え方をしてみましょう。

（机間巡視しながらフォローする。時間的に制約がある場合は時間を切って考えさせても良い）

㉕ ほかの考え方が思いつかない人は、6人のキャラクターからのこんなメッセージをヒントにしてみましょう。

 2分　**ネガティブ感情とつきあうコツを知る**

㉖ どうでしたか。考え方を変えると、気持ちはどうなりましたか。変わりましたね。日常生活で出会うできごとの多くは、何が本当なのかはわからないことがほとんどだと思います。なので、1つの見方で物事を決めてしまうのではなく、常に、物事のいろいろな面を見て、柔軟な考え方ができるようになることが大切になります。

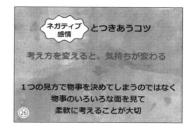

3　まとめ

 3分

㉗ 最後に今日の話をまとめておきましょう。
　今日は、「イライラ」とか「ムカムカ」に代表されるようなネガティブ感情について考えました。ネガティブ感情とは、イヤな気持ちをおこさせるもので、ごくごくあたり前の感情です。ネガティブ感情を感じることが問題なのではなくて、ネガティブ感情に支配され、ココロやカラダに悪影響を与えることが問題です。だから、うまくつきあっていく必要があります。

㉘ ネガティブ感情とうまくつきあっていくには、ネガティブ感情に気づくことが大切です。ネガティブ感情に襲われたときは、今、自分はどのキャラクターを使って考えているのかを考えて、あえて違うキャラクターを使って考えてみましょう。
　そして、自分の考え方のクセを知っておくこと。そして考え方を変えてみること。この三つになります。
　考え方によって、感情が決まります。考え方を変えると感情が変わります。このことをしっかり覚えておいて、日々生まれるネガティブ感情と上手につきあっていきましょう。

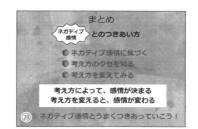

5. 評価

チェック欄

- ワークに積極的に取り組んでいたか。 ………………………………………… ☐
- 自分の考え方のクセを冷静に受け止めることができたか。 ………………… ☐
- 感情の発生について知り、ネガティブ感情とうまくつきあっていく方法を理解することが
  できたか。 ……………………………………………………………………… ☐

1. ねらい

- ストレッサー、ストレス反応、コーピングという言葉の意味を正しく知る。
- ストレスの流れについて理解する。
- 望ましいコーピングについて知る。

2. 指導者の思い・児童生徒へ伝えたいこと

日常生活の中で、何気に使う言葉「ストレス」。しかし、その実態を知らずに使っている場合も多く見受けられる。この授業では、チェックシートを用いて、自分自身のストレスに気づかせたのち、ストレスを科学的に知り、ストレス発生のメカニズムについて理解させるものとした。
また、ストレス対処法であるコーピングについても望ましく、簡単に実生活に取り入れられるものを紹介したい。

3. 指導略案

時間		学習活動	資料	ppt
導入	3分	本時の説明 → ストレスについてのイメージを膨らませる		①
展開	24分	1．自分のストレスを知る ストレスアンケートをもとにストレスプロフィールを作成し、確認する（挙手で） コーピングの特徴についてもふれる（カラダ得点、ココロ得点、行動得点）	ワークシート①、②	②-⑦
	10分	2．ストレスの仕組み ストレスの発生機序について学習する		⑧-⑩
	10分	3．コーピングについて知る コーピングとは何かを知り、望ましいコーピングについて知る		⑪-⑬
まとめ	3分	ストレス、コーピング、ストレスとのつきあい方についてまとめる		⑭

. 準備するもの

- 4-4-1：ワークシート①（「ストレッサーをはかってみよう」、「ストレス反応を調べてみよう」）
- 4-4-2：ワークシート②（「ストレスプロフィールを作ろう」）
- 4-4：パワーポイント教材

ワークシート：4-4-1 　　4-4-2

5. 指導の実際

1　導　入

 3分　ストレスについてのイメージを膨らませる

① みなさんは、ストレスという言葉を聞いたことがありますか？ ストレスという言葉を使ったことがある人は手をあげてください。どんなときに使ったか発表してください。（発表の後）こんな風に多くの人が毎日のように口にするストレス。今日はこのストレスの正体に迫りたいと思います。そして、ストレスと友だちになることでココロもカラダも元気に過ごせるよう、ストレスマネジメントについて学習したいと思います。

2　展　開

 24分　自分のストレスを知る

② ではまず、自分のストレスを知る前に、ストレスについて簡単に説明しておきたいと思います。
ストレスというのはいろいろなできごとによって、ココロやカラダがびっくりして緊張することを言います。そのできごとのことを"ストレッサー"、びっくりして緊張して生まれる気持ちや症状を"ストレス反応"と言います。

③ ストレスと友だちになるコツは、まず自分のストレスに気づくことです。今からそれを調べるための簡単なチェックをやってみましょう。（ワークシート①、②を配付）

進行上のポイント

ワークシートを授業前に配付すると先に記入してしまう生徒もいるので、タイミングをみて配付します。

④ それではまず、ワークシート①の左「ストレッサーをはかってみよう」を見てください。この半年間の間でここに書いてあるようなできごとをいくつ経験しましたか？ 経験したできごとに○をつけましょう。○をつけた数を数えておきましょう。

進行上のポイント

机間巡視をしながらわかりにくいところをフォローします。だいたいできたころを見計らって次へ進みます。

⑤ それでは、ワークシート①の右側「ストレス反応を調べてみよう」を見てください。次のような症状がこの半年間にどのくらいあったか、あてはまる数字に○をしてみましょう。1から15までの症状に○をつけることができたら、その下に書いてあるように、質問1から5までの合計点数、質問6から10までの合計点数、質問11から15までの合計点数、質問1から15までの合計点数を計算して□の中に書き入れておきます。

進行上のポイント

机間巡視しながら、できているか確認します。

❻ できましたか？ それでは今からワークシート①を使って、自分のストレスプロフィールを作ってみたいと思います。ワークシート②を用意してください。ワークシート①「ストレッサーをはかってみよう」で○をつけたできごとの数を、ストレッサーの数の欄に、「ストレス反応を調べてみよう」の質問1から15までの合計点をスト

レス反応の点数の欄にそれぞれ記入してください。（ワークシートに記入させる）それでは次に、その下のグラフを見てください。これからグラフのA、B、C、Dのあてはまるところにしるしをつけていきます。

❼ まず、ストレッサーの数から確認したいと思います。9個より少なかった人はグラフの左側、10個より多かった人はグラフの右側になります。次に、ストレス反応を見てみましょう。ストレス反応の合計点が28点より少なかった人はグラフの下側、29点より多かった人はグラフの上側になります。

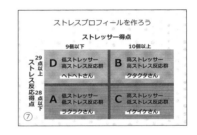

自分がグラフのどの位置にいるかわかりますか？ それでは順に確認したいと思います。
Aのところにあてはまった人はいますか？ 手をあげてください。この人たちは、できごとが少なかったので、反応も低くなった人たちです。ラクラクさんと名付けましょう。□にラクラクさんと書きましょう。
では次にBのところにあてはまった人は手をあげてください。この人たちは、できごとをたくさん経験したので反応がいっぱい出ました。クタクタさんと名付けましょう。□にクタクタさんと書いてください。
では、先にDにいきたいと思います。Dのところにあてはまる人は手をあげてください。この人たちは、できごとはあまり経験しなかったようですが、反応は強く出ている人たちです。ヘトヘトさんと名付けましょう。□にヘトヘトさんと書いてください。
最後に、Cのグループにいきます。○をつけたストレッサーの数が10個以上で、ストレス反応の合計点が28点以下の人ですね。あてはまる人は手をあげてください。この人たちは、できごとをたくさん経験したにもかかわらず、反応は低くなっている人たちです。イケイケさんと名付けましょう。□にイケイケさんと書いてください。
書けましたか。では、もういちどグラフを見てください。
できごとがたくさんあって、反応もたくさん出るBのグループ、つまりクタクタさんたちは普通のように思えますが、できごとがたくさんあっても反応が少ないイケイケさんたちもいますね。イケイケさんにはどんな秘密があるのでしょうか？

10分　ストレスの仕組み

⑧ ストレスというのはいろいろなできごとによって、ココロやカラダがびっくりして緊張することでしたね。何かおきたから何か反応がおこる。できごとに対して何とかしなくちゃと思う。これは、ごくごくあたり前のことです。では、いったい何が問題なのでしょうか？

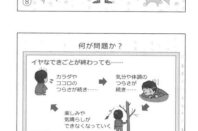

⑨ それは、ストレッサーとなるイヤなできごとがなくなったのに、いつまでもカラダやココロの辛さが続き、気分や体調の辛さが続いて、楽しみや気晴らしができなくなっていくというところです。

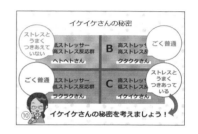

⑩ ストレッサーとなるできごとが少しで、反応は少ないラクラクさんと、ストレッサーがたくさんあればストレス反応もたくさん出てしまうクタクタさん。このようなことはよくあります。でも、ストレッサーが少ししかないのにストレス反応がたくさん出ているヘトヘトさん。この人たちはストレスとうまくつきあえていないのかもしれません。逆に、ストレッサーはたくさんあったのに、ストレス反応が少ししかなかったイケイケさんはストレスとうまくつきあっているということができます。さあ、イケイケさんにはどんな秘密があるのでしょうか？

 10分　コーピングについて知る

⑪ その秘密は、ストレッサーからストレス反応ができあがるまでの、気づきや対処と言われるココロの働きにあります。イケイケさんはこのココロの働きをうまく使っているのです。そして気づきを認知的評価、対処をコーピングと言います。コーピング、という言葉ははじめて聞いたかも知れませんね。コーピングとは、ストレッサーやストレス反応を何とかしようとするためにとる行動のことを言います。

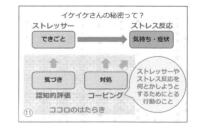

⑫ 何かストレッサーがおきたとき、みなさんは無意識のうちにいろいろなコーピングをおこなっています。ストレス反応を減らしてストレスとうまくつきあっていくためのコーピングには、次のような特徴があります。

●自分を傷つけない
●他人を傷つけない
●物を壊さない
●どこでも簡単にできる

自分がストレスを感じたときに使っているコーピングを思い出してみましょう。この条件にあっていますか？

⑬ それでは、具体的に、よいコーピングの例をいくつか挙げてみます。

まず、「逃げる」とか「避ける」というコーピングです。これ以上になると、自分が病気になる、壊れると感じるようなときは、逃げたり、避けたりしてみましょう。例えば犬が苦手なのに、進もうとする道に犬がいるような場合、道を変えてもいいんです。でも、いつも逃げてばかりいてもいけません。「ガマンする」こともよいコーピングの一つです。暑いや寒いといったような自分の力ではどうしようもないことについてはガマンするしかありませんよね。それから、テストや発表会など、あらかじめストレッサーがわかっているときには、どういう行動をとればいいのか「予測する」ことも大切です。予測しておくことでストレッサーの影響を小さくすることができます。

また、「相談相手を持つ」こともストレスの影響を小さくするためには有効です。誰かに話すことでスッキリできたり、解決方法が見つかることもあります。それから、気分を変えるためには、「運動」も効果的です。勝負にこだわらず楽しく続けられるものを行ってみましょう。

3 まとめ

 3分　ストレス、コーピング、ストレスとのつきあい方についてまとめる

⑭ 今日は、ストレスについてお話ししました。ストレスというのはいろいろなできごとによって、ココロやカラダが緊張することでしたね。そのできごとのことを"ストレッサー"、びっくりして緊張することを"ストレス反応"と言いました。そして、ストレッサーやストレス反応を何とかしようとするためにとる行動のことをコーピ

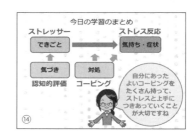

第4章　集団を対象に1単位時間で行う ストレスマネジメント教育

- ングと言うことを学習しました。
- よいコーピングのポイントは"自分を傷つけない"、"他人を傷つけない"、"物を壊さない"、"い
- つでも、どこでも、簡単にできるもの"でした。
- ストレスというのは、なくそうと思ってもなくならないものですが、自分にあった、よいコー
- ピングをたくさん持って、ストレスと上手につきあっていくことが大切ですね。

5. 評価

チェック欄

- ストレッサー、ストレス反応、コーピングという言葉の意味を理解できたか。 ……………… ☐
- 望ましいコーピングについて理解できたか。 ……………………………………………… ☐

111

1. ねらい

- いろいろなコーピングについて知る。
- リラクセーションを体験する。

2. 指導者の思い・児童生徒へ伝えたいこと

私たちは誰でも無意識のうちにいろいろなコーピングを使ってストレスをしのいでいる。それは生徒たちも同様である。しかし、そのコーピング行動が効果的ではなく、むしろ新たなストレスを生み出していることもしばしば見受けられる。

この授業においては、ブレインストーミングを行って自分や仲間のコーピングについて知り、そのコーピングを「良い・悪い」「簡単・難しい」に分類することでストレスの影響を弱めるコーピングについて理解させたい。

また、よいコーピングについても具体的に紹介し、リラクセーション体験（漸進的筋弛緩法）も行う。
なお、この授業は第4章④ストレスマネジメント概論1「ストレスって何だろう？」に続く授業展開となっている。この授業を単独で行うことも可能であるが、そのときは2枚目の「ストレスとは？」のスライドで、ストレスの流れをしっかりと説明する（ppt①、②の解説を置きかえる）。

3. 指導略案

時 間		学 習 活 動	資 料	ppt
導入	2分	ストレスの流れについて復習する		①②
展開	20分	1．コーピングについて コーピングについて学習する 班でブレインストーミング	付箋、黒マジック 模造紙	③ ④-⑥
	10分	2．さまざまなコーピング コーピングにはさまざまな種類があることを知る （逃げる・避ける、ガマン、相談相手、予測、認知　など）		⑦-⑬

展開	15分	3．リラクセーションを体験する リラクセーションの効用について説明した後 リラクセーションを体験する（漸進的筋弛緩法）	⑭⑮
まとめ	3分	ストレス、コーピング、ストレスとのつきあい方についてまとめる	⑯―⑱

準備するもの

- 付箋
- 模造紙（2分の1サイズのもの・あらかじめ4象限に区切って、横軸に「良い」「悪い」、縦軸に「簡単」「難しい」と記入しておく）
- マジック（太めのもの）
- 4-5：パワーポイント教材

指導の実際

1　導　入

2分　ストレスの流れについて復習する

① 今日のテーマは「コーピング」です。コーピングという言葉を覚えていますか？　今日はより具体的に「コーピング」について考えていきたいと思います。

② 復習です。ストレスというのはいろいろなできごとによって、ココロやカラダがびっくりして緊張することを言いましたね。そのできごとのことを"ストレッサー"、びっくりして緊張して生まれる気持ちや症状のことを"ストレス反応"と言いました。このストレッサーからストレス反応ができあがるまでに、気づきや対処といったココロの働きがあります。この対処のことを"コーピング"と言います。ちなみに、気づきを認知的評価と言います。
今日は、このコーピングに注目したいと思います。

進行上のポイント

この授業を単独で行う場合、導入（①、②）は次のようになります。

① 今日のテーマは「コーピング」です。コーピングという言葉は聞いたことがありますか？ 今日はコーピングを中心にストレスについて考えてみたいと思います。

② ストレスというのは、いろいろなできごとによってココロやカラダに緊張が生まれることを言います。このときのいろいろなできごとのことをストレッサー、ココロやカラダの緊張をストレス反応と言います。

同じできごとでも、人によってできあがるココロやカラダの緊張は違ってきます。それは気づきや対処といったココロの働きがあるからです。この対処のことをコーピングと言い、気づきのことを認知的評価と言います。

今日はこのコーピングに注目したいと思います。

2 展開

 20分 **コーピングについて**

進行上のポイント

ブレインストーミングを行うため、付箋とマジックを用意し、各班に配付します。

③ コーピングとは、ストレッサーやストレス反応を何とかしようとするためにとる行動のことを言います。それでは今から、みなさんがふだんよく使っているコーピングをイメージして班ごとに話し合い発表しましょう。まず、各班で、司会役と記録係を決めてください。記録係は、今配った付箋にマジックで出た意見を書いていきます。

付箋1枚に一つの意見を書いてください。司会役は、記録係が書きやすいように話し合いをコントロールしてください。

④ 班ごとに話し合うときには、次のルールを守りましょう。
- ●質より量。とにかく多くの意見を出します。
- ●自由奔放。テーマにあったものを思いつくままどんどん発言します。

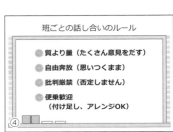

第4章 集団を対象に1単位時間で行うストレスマネジメント教育

- ●批判厳禁。友だちの意見が自分の意見と違っていたり、なにかおかしいなあと思っても絶対に否定しません。
- ●便乗歓迎。ほかの人の言った意見につけたして新しい意見にしてもOKです。

⑤ それでは、始めたいと思います。テーマは「とっておきのコーピング」です。みなさんは、疲れたな〜、ストレスたまっているな〜というときに、どんなことをしていますか？ これから2分間班で話し合って、とっておきのコーピングをたくさん書いていきましょう。では始めましょう。（グループワークを行う）

ヒント！ ブレインストーミング（集団でアイデアを出し合うことによって相互交錯の連鎖反応や発想の誘発を期待する技法）で、付箋にいろいろな意見を書き出していくと、出された意見に関連して意見が広がったりします。

進行上のポイント

机間巡視しながら2分計測します。状況にあわせて、1分30秒くらいで切り上げても良いです。

⑥ （グループワークの後）たくさんのコーピングが出ましたね。それではこれから、今出た「とっておきのコーピング」を「良い」「悪い」、「簡単」「難しい」に分類してみたいと思います。（模造紙を配付する）今から班で相談しながら、当てはまると思うところにそれぞれの付箋を貼って分類しましょう。時間は8分間です。（グループワークを行う）

進行上のポイント

机間巡視しながら8分計測します。状況にあわせて、早めに切り上げても良いです。

⏳10分　さまざまなコーピング

❼ （グループワークの後）今回、コーピングを四つに分類しました。その中でもみなさんはどんなコーピングを「よいコーピング」として分類していますか。よいコーピングのポイントは"自分を傷つけない""他人を傷つけない""物を壊さない""いつでも、どこでも簡単にできるもの"です。それでは、分類したよいコーピングをもう一度確認してみましょう。（グループワークを行う）

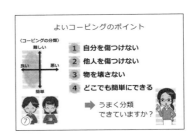

進行上のポイント

ポイントに合うものを分類できているかどうか、班ごとに確認させます。

❽ （グループワークの後）それでは、これから、よいコーピングとしておすすめできるものを紹介します。それは、"逃げる・避ける"、"ガマンする"、"予測する"、"相談相手を持つ"、"運動"、"リラクセーション"の6種類です。一つずつ、簡単に説明します。

❾ まず、"逃げる"とか"避ける"というコーピングです。「これ以上耐えると病気になる」「ココロやカラダがボロボロになりそう」というときは逃げてみましょう。また、自分が不愉快になるできごとが来そうだとわかったら避けてみるのも大切です。例えば、犬が苦手なのに、わざわざ犬のいる道を通る必要はないですよね。

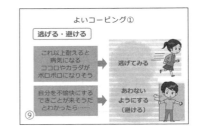

❿ でも、逃げたり避けたりしてばかりいてはいけません。ガマンすることもよいコーピングの一つです。暑いや寒いといった環境や、テストなどの行事は、どんなにイヤでも取り除くことはできませんね。そんなときは、とりあえずガマンするしかありません。ガマンの体験を通して、いつの間にか強くなっていくこともあります。でも、ガマンがずっと続くようなことはないように気をつけておきましょう。

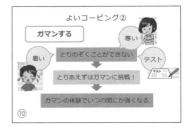

116

⑪ また、テストはガマンするしかないけれど、あらかじめ日にちがわかっていることも多いですよね。そんなときは、事前に対応を考えておくことも必要です。テストがあるので勉強しておく、発表会があるので練習しておく、旅行があるのでその準備をしておくというように、予測して準備をしておけば、不安やイライラは少なくてすみますね。

⑫ そして、ときには人の力を借りることも有効です。相談相手を持ってみましょう。相談相手はストレッサーを避けたり弱めたりする方法を教えてくれるかもしれません。励ましたり、自分のしんどい気持ちについて答えをくれるかもしれません。また不安やイライラしている自分の気持ちを聞いてくれて、一緒に発散してくれたりもします。

信用できる大人や、友だちに話してみることも重要なコーピングです。これをソーシャルサポートと言います。

⑬ そして、運動もよいコーピングです。カラダを動かすことで気分を変えることができます。ポイントは楽しく笑って続けられるくらいのものであること。競争といった勝負を優先せず、楽しく笑いながら行えるものです。例えば、ダンスやジョギング、ウォーキング、サイクリングといったスポーツはもちろんですが、カラオケや笑い、おしゃべりなんかでも気分が変わってスッキリするかもしれませんね。

15分　リラクセーションを体験する

⑭ そして、最後に紹介するのはリラクセーションです。人間は、不安や緊張が高まったとき、カラダに力を入れて乗り越えようとします。そうやってカラダに余分な力が入っていると、ココロも緊張してかたくなってしまいます。そんなカラダの緊張をほぐすことでココロの安定を目指すものがリラクセーションになります。

⑮ 緊張してドキドキしたり不安なとき、リラクセーションすることで緊張がなくなって気分がスッキリして落ちつくことができます。ほかにも、リラクセーションを行うことで、カラダがゆったりしたり、集中力がつく、記憶力がアップする、リラックスできる自分に自信をもてるなどの効果もあると言われています。

では、今から漸進的筋弛緩法と言われる、力を入れたり抜いたりすることでリラックスするリラクセーションを始めたいと思います。その前に、いくつか注意点を言います。

まず、周りの人とあたらないように適当な距離をとりましょう。どうしてもやりたくないときは、静かに黙って座って待っていてください。では、始めます。

進行上のポイント

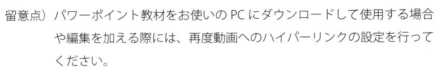をクリックして動画へ誘導します。

暑すぎない、寒すぎない、やや薄暗い環境が行いやすいです。

留意点）パワーポイント教材をお使いのPCにダウンロードして使用する場合や編集を加える際には、再度動画へのハイパーリンクの設定を行ってください。

〜漸進的筋弛緩法のスキットをする前に〜

リラクセーションには、自分の力で筋肉を緊張させたり、緩めたりすることでリラックスするやり方があります。ここで紹介する漸進的筋弛緩法は、筋肉が緩むことで、心の緊張を取り除く技法です。筋肉の緊張を自覚することが目的です。

体のパーツごとに、筋肉の緊張と弛緩を練習してみましょう。

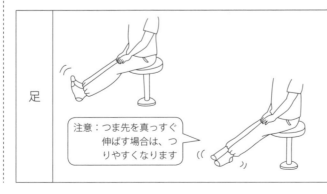

- 床から足を少しあげ、足をピンと伸ばした状態で、かかとに力を入れます。
- つま先は上を向くようにします。
- 力を抜くときは一気にストン・ゆっくり

手		・手はだらんと体の横にします。ひじを曲げた状態でもかまいません。 ・げんこつは親指を中にして強く握ります。 ・力を抜くときは一気にストン・ゆっくり
肩		・手はだらんと体の横にします。 ・その状態から、両肩を耳につくくらいまで上げます。 ・力を抜くときは一気にストン・ゆっくり
お腹	息を止める 手で少しお腹を押さえるといいよ	・息を止めて太鼓のように張ります。 ・力を抜くときは一気にストン・ゆっくり
顔		・眉毛のあたりにしわを寄せて、奥歯をかみしめます。 ・目はギュッと固く閉じます。 ・力を抜くときはすぐに元の顔に・ゆっくり元の顔にもどる

体を緩めるときは、一気に力を抜いたり、ゆっくり抜いたりして、自分のリラックスできる感じを覚えておきましょう。

※イメージ法のスキット（p.69参照）をする前にも練習すると良いです。

・漸進的筋弛緩法（簡易版）・スキット（8：48）

【イスに座った状態】

1　このトレーニング中に気分が悪くなるようなことがありましたら、すぐにやめて静かな呼吸を続けてください。

2　背中と背もたれが軽くくっつくくらいに座ってください。

3　両手は、自然にだらんとなるように下げてください。

4　両足は前に伸ばした方が力の入り具合がよくわかります。

5　そのままの姿勢で、そっと目を閉じてください。目を閉じると、体の感じがよくわかるようになります。

　　もし目を閉じることにためらいがあるなら、そのまま開けておいてもかまいませんが、視線をキョロキョロとしないことが大事です。

　　(10秒程度そのままの状態を続け、体験者にためらいや不安が見られないか観察する。体調が悪そうであったり、心が落ちつかなかったりすることが観察されれば、トレーニングを延期することを考える)。

6　それでは、まず、右足に力を入れてください。少し足を床から上げることで力は入ります。（5秒程度）右足に力が入っていることを感じてください。はい、右足の力を抜いて床につけてください。力が抜けたことを感じてください。

7　次は左足です。（6と同じ動作を行う）

8　今度は両足に力を入れてみましょう。両足同時に床から少し上げてください。（5秒程度）両足に力が入っていることを感じてください。はい、ゆっくりと両足を床につけてください。両足の力が抜けたことを感じてください。

　　今、両足はリラックスしています。

9　次は手です。まず右手に力を入れてみましょう。手をだらんとさせたままで握りこぶしだけを作ってください。（5秒程度）はい。右手の力を抜いてください。力が抜けたことを感じてください。

10　左手に力を入れてみましょう。（9と同じ動作を行う）

11　両手に力を入れてみましょう。両手同時に握りこぶしを作りましょう。（5秒程度）今、両手に力が入っています。はい、両手の力を抜いてください。両手の力が抜けていることを感じてください。今、両手はリラックスしています。

12　次はお腹です。お腹をふくらませるイメージでゆっくりと息を吸ってみましょう。少し息を止めてください。（3秒程度）息を吐いてください。ゆっくりとです。もう一度やってみましょう。（繰り返す）

　　息を吐いていくと力が抜けていきます。今、リラックスしています。

13　今度は肩です。息を吸いながら、ゆっくりと両肩を上げてください。両肩に力が入っていることを感じましょう。（5秒程度）それでは息を吐きながら、ゆっくりと両肩を下げていきましょう。下げていくとリラックスしていきます。もう一度やってみましょう。（繰り返す）
両肩の力が抜けリラックスしています。

14　今度は顔です。奥歯を噛みしめてしかめっ面（怒った顔）をしましょう。はい、どうぞ。（5秒程度）顔に力が入っていることを感じてください。はい、顔の力を抜いてください。もう一度やってみましょう。（繰り返す）

15　今、リラックスしています。この感じを楽しんでください。（20秒程度経過）はい、ゆっくりと目を開けましょう。ゆっくりと両手をぶらぶら振ってみましょう。はい、最後に背伸びをしましょう。

3　まとめ

 3分　ストレス、コーピング、ストレスとのつきあい方についてまとめる

⑯　今日は、ストレッサーやストレス反応を何とかしようとするためにとる行動、コーピングについて学習しました。よいコーピングのポイントは"自分を傷つけない"、"他人を傷つけない"、"物を壊さない"、"いつでも、どこでも、簡単にできるもの"でしたね。

⑰　よいコーピングは、ストレスの悪影響を弱めることができます。逆に、よくないコーピングはストレスの影響を強く受けてしまいます。

⑱　ストレスというのは、なくそうと思ってもなくならないもの。だけど、自分にあった、よいコーピングをたくさん持っていれば、ストレスと上手につきあっていくことができます。

．評価

- 自分たちがブレインストーミングで出した様々なコーピングについて、正しく分類できたか。……………………………………………………………………………………… ☐
- 望ましいコーピングの内容について理解できたか。……………………………………… ☐
- リラクセーション体験に積極的に参加したか。…………………………………………… ☐

チェック欄

第 5 章
紙芝居「ぞうのアリス」を使ったストレスマネジメント教育

- 紙芝居「ぞうのアリス」を使ったパワーポイント教材です。
- 1単位時間で行う「ぞうのアリス〜腹がたったとき、どうする？〜」、20分程度で行う「ウサギさんのごめんなさい」、「タヌキの呼吸法」、「ストレスの流れ　おしえるね」、「わたしたちのソーシャルサポーター」があります。
- パワーポイント教材は編集可能です。各校の実態に合わせてお使いください。

① 「ぞうのアリス〜腹がたったとき、どうする？〜」

対象 低学年 中学年 高学年 中学生 高校生

1. ねらい

・友だちとのより良い接し方について考えることにより、適切な対処方法をとることがわかる。

2. 指導者の思い・児童生徒へ伝えたいこと

「ぞうのアリス」は、動物を主人公に、日常子どもたちがおこす人間関係のトラブルを解決するスキルを学ぶために作成した。「ぞうのアリス」のアリスには『たのしく あ (ア)そんで り ラックスすれば す トレスはへるよ』のメッセージをこめている。ぞうのアリスの側にいるだけで、ほっとでき、やさしい気持ちになれる。また、困ったときには相談もできるソーシャルサポート源として、ストレスマネジメントを導いてくれる役割として登場させている。

この教材は小学校1年生から6年生まで活用できる。子どもたちの実態や成長段階に応じて、主人公として捉える動物を変えることで、指導枠を広げることができる。（本章中に、それぞれの動物を焦点とした内容を載せている〈「ウサギさんのごめんなさい」、「タヌキの呼吸法」、「ストレスの流れおしえるね」、「わたしたちのソーシャルサポーター」〉。）

本時では、気持ちを丁寧にきくことで、相手の気持ちを考えさせる動機づけとし、ちょっと我慢することでケンカにならないことや、暴力ではなく言葉で伝えることの大切さを知ってほしい。

3. 指導略案

時　間		学　習　活　動	資　料	PPT
導入	2分	紙芝居の題材である「ぞうのアリス」の絵から話のイメージを膨らませ、興味を持つ		①
展開	23分	キツネとウサギの立場に立ち、それぞれどんな気持ちになるか考える		②-⑬
		感情に任せたキツネの行動はよくないやり方だと認識する		
		ワークシートに書く	ワークシート	

まとめ	20分	友だちと遊ぶ中で、暴力をつかってはいけないことを学ぶ	キツネのお面としっぽ ウサギのお面 ゾウのお面	⑭-⑯
		ロールプレイをして、考え方や言い方でケンカにならないことを学ぶ		
		ワークシートに書く	ワークシート	

4. 準備するもの

- 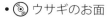 5-1：パワーポイント教材
- 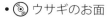 5-1：ワークシート   ・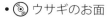 キツネのお面   ・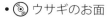 ウサギのお面

  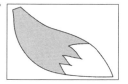

- 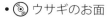 ゾウのお面   ・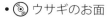 キツネのしっぽ

※布などで作っても
良いです。

- 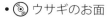 紙芝居

    1   2   3

    4   5   6

＊指導の前に＊

授業を始めるまえに、ワークシートを配付し、名前を記入させます。
（例：「机の上に筆箱を出してください。プリントを配ります。名前だけを書いたら、プリントをひっくり返して、筆箱の下に置いてください。」）

5. 指導の実際

1 導入

 2分　紙芝居の題材である「ぞうのアリス」の絵から話のイメージを膨らませ、興味を持つ

① 今日は、みなさんと紙芝居でお勉強したいと思います。なんて書いてあるか、みなさんで一緒に読んでください。

子どもたちの反応
＼「ぞうのアリス」／

（発表の後）この絵の中には、どんな動物がいますか？　動物たちは何歳くらいでしょう。この動物たちはこれから何をすると思いますか？

子どもたちの反応
＼5歳／　＼6歳／
＼かくれんぼ／　＼鬼ごっこ／　＼ふえ鬼／　＼演奏会／　＼ドッチボール／　＼サッカー／

進行上のポイント

年齢が子どもたちと同じくらい（1年生か2年生）だと、より親近感を持つことができます。また、①で発言したい子どもがいても、2分（導入時間）までにしましょう。

2 展開

 23分

② （発表の後）たくさん意見が出ましたね。それでは、紙芝居を見ていきます。

紙芝居　森で動物たちがかくれんぼして遊んでいました。ウサギさんが切り株に躓いて転びそうになったとき、前にいたキツネさんのしっぽを踏んづけてしまいました。

キツネさんの大きなしっぽはとても敏感で、踏まれるとひどい痛みがあります。それにキツネさんにとってしっぽは、寝るときも胸に抱いて眠るほど大切なしっぽなんです。

進行上のポイント

- 「かくれんぼ」と反応する子どもがいたら、指導者が「そうだね」等、うなずくことで子どもは興味を示します。また、「切り株」が何かを説明しておきます。
- キツネのしっぽは踏まれるとひどい痛みがあること、キツネにとっては大切なしっぽだということを押さえておきます。

③ キツネさんはウサギさんにしっぽを踏まれたとき、どんな顔をしたのかな？ おとなりの人と、せーのっ！ それでは、そんな顔をしたキツネさんはどんな気持ちになったでしょう。（発表させる）

子どもたちの反応

＼痛くて泣く／ ＼腹が立つ／ ＼悲しい／ ＼気にしない／ ＼いやな気持ち／

④ （発表の後）さっきみたいな顔をしたキツネさんのしっぽを踏んづけたウサギさんは、どんな顔をしたのかな？ おとなりの人と、せーのっ！ そんな顔をしたウサギさんはどんな気持ちになったでしょう。（発表させる）

子どもたちの反応

＼どうしよう／ ＼キツネさん許してくれるかな／ ＼ごめん／ ＼キツネさん怒るかな／
＼あ！ しっぽふんじゃった／ ＼わざとじゃないよ、ガーン！／ ＼じゃま／ ＼なんとも思わない／

進行上のポイント

キツネのしっぽを踏んづけて不安になったウサギの気持ちを押さえておきます。「じゃま」「なんとも思わない」などの意見が出る場合、ウサギに大きなしっぽを踏まれて痛い思いをしたキツネの気持ちを考えさせるようにします。

（発表の後）いろいろな気持ちがありましたね。それでは、紙芝居のウサギさんとキツネさんはどうしたか、続きを見ましょう。

⑤
> 紙芝居 ウサギさんは、すぐに「ごめんなさい」とあやまりましたが、キツネさんは腹が立ったので、ウサギさんを叩いたり蹴ったりしました。

⑥ どんな気持ちで、キツネさんはウサギさんを叩いたり蹴ったりしたのかな？（発表させる）

子どもたちの反応

＼痛かった／　＼腹が立った／　＼許せなかった／

⑦ キツネさんに謝っても蹴られたウサギさんは、どんな気持ちだったでしょう。（発表させる）

子どもたちの反応

＼悲しい／　＼泣きたい／　＼痛いよ／　＼やめて／
＼わざとじゃないのに／　＼謝ったのになんで叩いたりするの／
＼ごめんなさいって言っているのに／

⑧ ウサギさんが「ごめんなさい」と言ったのに、叩いたり蹴ったりするキツネさんをどう思いますか？　おとなりの人と20秒間相談しましょう。（発表させる）

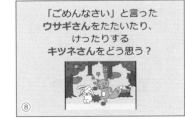

子どもたちの反応

＼ダメ／
＼ウサギさんも悪いけど暴力はよくないからキツネさんが悪い／
＼キツネさんもウサギさんも大丈夫？／　＼友だちじゃない／
＼謝っているのに叩いているのは悪い／

⑨ （発表の後）一緒に遊んでいた他の動物たちは、キツネさんとウサギさんに何て言ってあげるでしょうか。

子どもたちの反応

＼やめてって言う／　＼かわいそう／　＼なんで叩くの／

＼大人に言いつけたい／　＼2人ともケンカしないで／
＼ウサギさんを蹴らないで／

進行上のポイント

叩かれたり蹴られたりしたウサギだけではなく、一緒に遊んでいたまわりの動物たちも不安になったり、怖くなって、楽しく遊ぶことができなくなることに気づかせましょう。

⑩ それでは、続きを見てみましょう。

> 【紙芝居】そこへぞうのアリスがやってきました。「ちょっと待って。どうしたの？」

ぞうのアリスが来て、キツネさんを止めてくれてよかったですね。
ぞうのアリスが来てくれて、ウサギさんはどんな気持ちになったでしょう。（発表させる）

子どもたちの反応

＼よかった／　＼ほっとした／　＼安心した／　＼ありがとう／
＼アリスがいれば2人で仲直りできる／

> 【紙芝居】ぞうのアリスが言いました。「ねえ、キツネさん。しっぽを踏まれて腹が立ったとき叩いたり蹴ったりするしかないのかな？」

進行上のポイント

仲裁にはいった人が一緒になってケンカになる場合があるので、クラスによっては、仲裁の仕方を教えることも必要です。

⑪
> 【紙芝居】キツネさんは、しばらく考えてみました。みんなも、一緒に考えて、キツネさんに教えてあげましょう。

⑫ それではワークシートに書いてみましょう。（ワークシートに記入させる。3〜5分）書けた人は鉛筆をしまいましょう。みなさんは、どんなことを考えましたか？ 発表してください。（発表させる）

子どもたちの反応

＼いいよって言えばよかった／　＼暴力はやめてね／　＼これから気をつけてね／
＼言葉で伝えればよかった／

⑬ それではキツネさんがどう考えたか、紙芝居の続きを見てみましょう。

> 紙芝居　考えたキツネさんは、「叩いてごめんなさい。痛いのをちょっと我慢して、『痛かったよ。これからは気をつけてね』と言葉にして言えばよかった」と言いました。横でぞうのアリスが「そうだね。そう考えるとケンカにならないね」とにこにこしながら言いました。それから、ウサギさんとキツネさんは仲良く遊びました。

キツネさんもウサギさんも仲良くなってよかったですね。

3　まとめ

 20分

⑭ みなさんはお友だちと遊ぶ中で、叩いたり蹴ったり、やられたらやり返すという「しかえし」をしていませんか？ 今日、みなさんは自分の思いどおりにならないときや腹が立ったときに、暴力ではなくて少し我慢して、自分の気持ちを言葉で伝えるやり方を知りました。また自分の気持ちを言葉で相手に伝えることができたら、自分も相手もイヤな思いをしないでケンカにならないことを学習しました。このように暴力ではないほかのやり方があることを知っておきましょう。

⑮ では、今日勉強したことを、本当にできるかどうか今から先生がやってみますね。(指導者2人でロールプレイする)

進行上のポイント

指導者がキツネとウサギのお面をかぶり、キツネのしっぽをつけます。そして、キツネとウサギになって(2人一組で)ロールプレイをします。先に指導者がしてみせることで、子どもたちは考えやすくなります。
　例)　ウサギ役がキツネ役のしっぽを踏んづける
　　　キツネ役は大きい声で「イタイ」と叫ぶ
　　　ウサギ役は「ごめんね」という　　　　　　　など

続きはお友だちと一緒にキツネさんとウサギさんになってやってみましょう。
左の席の人がキツネさん、右の席の人がウサギさんになって、2人一組で、どうしたらケンカにならないかやってみましょう。(ロールプレイをさせる)
それでは、今やってくれたおとなりの人と前に出てやってみてくれませんか？　やってくれる人は手をあげてください。

進行上のポイント

指導者はぞうのアリスのお面をつけます。そうすることで、安心した雰囲気作りになります。「ケンカが解決しなかったら、アリスが助けにいくよ」と一言声をかけると、子どもたちはさらに安心します。

子どもたちが考えたキツネさん

＼いいよ。ゆるしてあげる。これからは気をつけてね／

> **ヒント！** ロールプレイをした後、良かった点を言語化することによって、子どもたちは理解しやすくなります。
> 　例）「なるほど、○○さんは、ちゃんとごめんなさいの気持ちが伝わっていたよね」
> 「やさしい言葉でやさしい気持ちで伝えたよね」など、指導者が分かりやすく子どもたちに伝えることが大切です。

⑯ それでは今日紙芝居を見てわかったことをアリスへのお手紙に書きましょう。記入が終わったら、発表してください。
（ワークシートに記入後、発表させる）

進行上のポイント

時間があれば、子どもたちにワークシートに記入した内容を発表させ、まとめにすることもできます。

6. 評価

チェック欄

・腹が立ったとき、暴力ではない対処法を学ぶことができたか。……………… ☐

1. ねらい

- 相手の気持ちに共感できる。
- 言い方でケンカにならないことに気づく。

2. 指導者の思い・児童生徒へ伝えたいこと

友だちとの些細なトラブルからケンカになり保健室に来る子どもが多くいる。例えば机に置いてあった帽子が何らかの拍子で床に落ち、その場所を通りかかった子どもが帽子を蹴ってしまった。帽子の持ち主は「帽子を蹴られた」と思いこみケンカに発展するようなケース。帽子を蹴ってしまった子どもに「帽子を拾って謝ったの？」と聞くと、蹴ったままの状態だったことがわかった。ちょっとした気遣いや「ごめんね」の一言があればケンカにならずに終わった事象である。

「ぞうのアリス」のウサギ側に焦点をあて、「ごめんさい」の気持ちを上手に相手に伝えるにはどうしたらいいかを学習させたい。さらに今後アサーショントレーニングに繋げる一助とし、「ごめんなさい」「ありがとう」は魔法の言葉だということを理解させたい。

3. 準備するもの

- ◎ 5-2：パワーポイント教材

4. 指導の実際

① 今日は紙芝居を見ます。なんて書いてあるかな。
　　（発表させる）

子どもたちの反応
＼「ぞうのアリス」／　＼「ウサギさんのごめんなさい」／

① 「ウサギさんのごめんなさい」

② （発表の後）

> 紙芝居　森で動物たちがかくれんぼして遊んでいました。ウサギさんが切り株に躓いて転びそうになったとき、前にいたキツネさんのしっぽを踏んづけてしまいました。

　キツネさんの大きなしっぽはとても敏感で、踏まれるとひどい痛みがあります。
　それにキツネさんにとってしっぽは、寝るときも胸に抱いて眠るほど大切な大きなしっぽなんです。なぜなら、キツネさんはしっぽを抱いて眠ると、とっても安心した気持ちになるからです。

③ キツネさんはウサギさんにしっぽを踏まれたとき、どんな気持ちになったと思いますか。（発表させる）

子どもたちの反応
＼痛い／　＼悲しい／　＼泣く／　＼腹が立つ／　＼気にしない／
＼いやな気持ち／　＼大丈夫だから安心して／

④ ウサギさんはキツネさんのしっぽを踏んづけたとき、どんな気持ちになったと思いますか。（発表させる）

子どもたちの反応
＼どうしよう。やってしまった。キツネさん許してくれるかな／
＼怒るかな／　＼ごめんなさい／　＼じゃま／　＼うざい／
＼わざとじゃないから／　＼なんとも思わない／

第5章　紙芝居「ぞうのアリス」を使ったストレスマネジメント教育

進行上のポイント

「じゃま・うざい・なんとも思わない」などの意見が出る場合、ウサギに大切な大きなしっぽを踏まれて痛い思いをしたキツネの気持ちを考えさせるようにします。

それでは、続きを見ますよ。ウサギさんとキツネさんはどうしたでしょう？

⑤ 【紙芝居】ウサギさんは、すぐに「ごめんなさい」とあやまりましたが、キツネさんは腹が立ったので、ウサギさんを叩いたり蹴ったりしました。

⑥ キツネさんは、ウサギさんが「ごめんなさい」って謝ったのにどうして腹が立ったのでしょう？

子どもたちの反応
＼痛かったから／　＼ごめんなさいが聞こえなかった／
＼イライラしていた／

⑦ ウサギさんの「ごめんなさい」はちゃんとキツネさんに伝わっていたでしょうか。ウサギさんは、どんな言い方の「ごめんなさい」をしたのかしら？

⑧ こんな「ごめんなさい」は、どう思いますか？
　①小さな声で　　②怒った言い方で　　③顔を見ないで
　④笑いながら　　⑤ふざけた言い方で

進行上のポイント

指導者は、①～⑤の「ごめんなさい」をオーバーに表現してみるようにします。

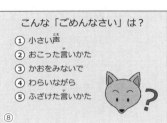

子どもたちの反応
＼すべて、ダメ／

（発表の後）こんな「ごめんなさい」の言い方ではケンカになることもありそうですね。それでは、どんな言い方だったら許せますか？

子どもたちの反応
＼気持ちをこめて言う／　＼やさしく言う／

⑨（発表の後）それでは、となりの人とウサギさんの立場になって、許してもらえる「ごめんなさい」をやってみましょう。
左に座っている人がキツネさん役、右に座っている人がウサギさん役です。できたら、キツネさん役とウサギさん役を交代してやってみましょう。

（ロールプレイ後）しっぽがすごく痛かったキツネさんの気持ちになって「ごめんなさい」が言えましたか？ キツネさんに気持ちが伝わることが大切ですね。

進行上のポイント

ウサギ役のとき、「キツネさんにどんな気持ちで言いましたか」と感想を聞き、またキツネ役のとき「ウサギさんに『ごめんなさい』と言われたときどんな気持ちになりましたか」と感想を聞いてみましょう。

⑩ 相手に気持ちを伝えるときのポイントです。
顔を見ながら、優しい声で気持ちをこめて「ごめんなさい」と言いましょう。１回で気持ちが伝わらないときは、もう一度伝えてみましょう。どんなことで謝っているのか、具体的に相手に伝えることも大切です。ウサギさんの場合は「キツネさんの大切なしっぽを踏んづけて、痛い思いをさせて本当にごめんなさい」と謝ることができたら「ごめんなさい」の気持ちがよくわかりますよ。

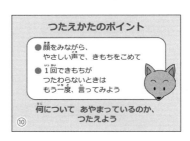

「ごめんなさい」の言い方で、仲直りができたり、ケンカになってしまうことも覚えておきましょう。

第5章　紙芝居「ぞうのアリス」を使ったストレスマネジメント教育

⑪ それじゃあ、ウサギさんの言い方が悪かったから、キツネさんが叩いたり、蹴ったりするやり方はしかたなかったと思いますか？（発表させる）

子どもたちの反応

＼ダメ／

そうですね。暴力でやり返すことは、よくないやり方です。暴力ではなく、別のやり方を考えましょう。続きを見ましょう。

⑫

| 紙芝居 | そこへぞうのアリスがやってきました。「ねえ、キツネさん。叩いたり、蹴ったりするしかないのかな？」と言いました。 |

⑬

| 紙芝居 | キツネさんは、しばらく考えてみました。みんなも、一緒に考えて、キツネさんに教えてあげましょう。 |

⑭

| 紙芝居 | 考えたキツネさんは、「叩いてごめんなさい。痛いのをちょっと我慢して、『痛かったよ。これからは気をつけてね』と言葉にして言えばよかった」と言いました。横でぞうのアリスが「そうだね。そう考えるとケンカにならないね」とにこにこしながら言いました。それから、ウサギさんとキツネさんは仲良く遊びました。 |

⑮ キツネさんの考えたことはみなさんと同じでしたか？　今日のまとめです。いやなことがあっても、叩いたり蹴ったりするやり方ではなく、言葉で自分の気持ちを伝えましょう。それから「ごめんなさい」と謝るときは気持ちをこめた言い方で相手に伝えるようにしましょう。

137

5. 評価

チェック欄

• 相手の気持ちに立った「ごめんなさい」が言えるようになったか。 ・・・・・・・・・・・・・・・・・・・・・ ☐

1. ねらい

- 身体の緊張が緩んだことを体感する。
- 腹式呼吸は気分がリラックスできることを知り、腹式呼吸のやり方を学ぶ。

2. 指導者の思い・児童生徒へ伝えたいこと

今の小学生は、生まれたときからIT機器と共にある。ゲーム・携帯・スマートフォン・パソコンなどの操作により、前屈みになりやすい環境の中で生活している。立っている姿勢も猫背になっている子どもが多いように感じられる。前屈みの姿勢でいると、肩、首、背中と身体のあらゆる筋肉が緊張している状態にある。体と心はつながっているので、不安やストレスを感じると身体の緊張はさらに強くなり、当然横隔膜の動きも悪く質の良い呼吸は得られない。「ぞうのアリス」のタヌキをモデルにリラックスできる方法を学ぶ内容にした。

3. 準備するもの
- 5-3：パワーポイント教材

4. 指導の実際

① 今日は、イライラしたり不安になったとき、気分を落ちつかせるやり方を学習します。タヌキのポン太郎さんがモデルになってくれます。リラックスする方法を勉強しましょう。

② それでは、はじめにからだの力をぬく「グー・ストン」をやってみましょう。
グー・ストンはからだに力を入れてかたくしたあと、緩めるやり方なので、ケガをしている人はやめておきましょう。

③ 手と腕や肩の力をリラックスするやり方です。
椅子に座って姿勢を正してください。両手は、自然にだらんと下げてください。
では始めましょう。

進行上のポイント

 をクリックして動画へ誘導します。

留意点）パワーポイント教材をお使いの PC にダウンロードして使用する場合や編集を加える際には、再度動画へのハイパーリンクの設定を行ってください。

・グー・ストン・スキット（2：19）

姿勢をピンと正してください。はじめに右手をグーっと強く握ってげんこつを作ります。ストン。手を開いて、力をゆっくり抜いてみましょう。指先がじわ〜んと温かく感じますね。

次は左手でグーと指も腕もさっきより強く握ってげんこつをつくります。

ストン。手を開いて力をゆっくり抜いてみましょう。両手がやわらかく重たく感じますね。

> 今度は両方の肩を耳につくまでグ〜っとあげます。両肩が硬くなっていますね。
> ストン。肩を下げて力を抜きましょう。しばらくそのままでリラックスした肩を感じましょう。
> もう一度、両方の肩を耳につくまでグ〜っとあげます。
> 今度は、ゆっくり肩を下げて力を抜きましょう。しばらくそのままでリラックスした肩を感じましょう。さっきとは違った感じがしますね。リラックスした感じを楽しんでください。

④ 次はタヌキの呼吸法をします。リラックスする呼吸法です。息をゆっくり吐くことでリラックスします。ポイントは口を丸めて息を長く吐くことです。

⑤ タヌキの呼吸法をはじめる前に、息を吐く練習方法を紹介します。
　上は吹き戻しを使った練習方法です。下は、おでこに紙を貼って息を吹きかける練習方法です。どちらも自分の目で長く息を吐いているのがわかります。簡単に練習できるのがポイントです。

⑥ このタヌキの呼吸法は、ドキドキするときや腹がたったとき、運動した後など、気持ちを落ちつかせたいときにします。寝る前にするとよく眠れるようになります。

⑦ タヌキの呼吸法ができるようになると、ドキドキがなくなったり、体がラクになって、気分もスッキリします。また、集中力も高まりお腹の調子もよくなります。
　タヌキの呼吸法は、別の言い方で「腹式呼吸」と言います。練習が必要ですが、心と体をリラックスするには、手軽にできる方法です。それではやってみましょう。

進行上のポイント

Let's Play! ▶ をクリックして動画へ誘導します。

留意点）パワーポイント教材をお使いのPCにダウンロードして使用する場合や編集を加える際には、再度動画へのハイパーリンクの設定を行ってください。

・タヌキの呼吸法・スキット（2：24）

タヌキの呼吸法をします。

息を吐くときはお腹をへこませ、息を吸うときはお腹をふくらませます。

息を吐きながら体の力を抜いていきます。お腹に軽く手を当てて、お腹が膨らんだり、へこんだりする感触を感じてみましょう。

では始めましょう。

まず吸っている息を口からゆっくり吐き出しましょう。

吐き出せたら、

鼻から息を吸います。（1・2・3）。とめます（4）。

口からゆっくり　息を吐きだします（5・6・7・8・9・10）

鼻から息を吸います。（1・2・3）。とめます（4）。

口からゆっくり　息を吐きだします（5・6・7・8・9・10）

さあ。自分のリズムで続けてみましょう。

息を吐くときはお腹をへこませ、息を吸うときはお腹をふくらませます。

（20秒間無言）

それでは、少しずつ自然な呼吸に戻していきましょう。

（10秒）

両手をあげて伸びをしましょう。

気持ちが落ちついていることを感じましょう。

---

5. 評価　　　　　　　　　　　　　　　　　　　　　　　　　　　チェック欄

- リラックスするやり方を知り、腹式呼吸でリラックスを体感できたか。　……………… ☐

1. ねらい

- ストレッサー、ストレス反応、コーピングの言葉を知り、ストレスには流れがあることを理解する。
- 腹が立ったとき、暴力以外の対処法を考える。

2. 指導者の思い・児童生徒へ伝えたいこと

子どもたちは、日々の生活で漠然とストレスを感じている。ストレスには原因があり、その結果、心や身体に症状がでることや、対処すればストレスをなくしたり弱めたりできることを知らない。
今回、「ぞうのアリス」のキツネ側に焦点をあて、しっぽを踏まれたことがストレッサーであり、腹が立つことはストレス反応であることを知り、ストレスの流れを学習させたい。また、暴力は間違ったコーピング（対処法）であることを学び、よりよいコーピングを考えさせたい。

3. 準備するもの

- 5-4：パワーポイント教材

4. 指導の実際

① 今日はぞうのアリスと一緒にストレスの流れについて勉強しましょう。

② 「ストレス」ってなんだと思いますか？（数人の子どもに発表させる）

③ ストレスには流れがあります。
私たちの生活の中にある、いろんなできごとやストレスの原因になるものをストレッサーと呼びます。ストレッサーをなんとかしようとすると、体や心に変化がおこります。この変化をストレス反応と呼びます。

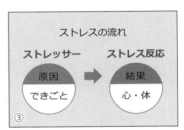

④ ストレッサーには、暑さや寒さ、騒音、狭い空間、けがや病気、転校、友だちとのケンカ、勉強、習い事、宿題など、毎日のできごとがあります。

⑤ ストレス反応はイライラ、ムカムカ、腹が立つ、不安、悲しみ、焦り、やる気がなくなるなど心に出てきます。また身体が緊張する、ドキドキする、血圧が上がる、冷や汗が出るなど体に変化がでます。これらの変化が長く続くと病気になることもあります。

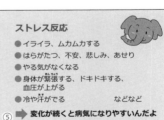

⑥ では、できごとがおこれば、いつもストレス反応がでるのでしょうか？
私たちはできごとについて、「いやだ」「うれしい」「気にしない」と評価します。「うれしい」はやる気がおきるので、良いストレスと言えます。「気にしない」と評価するとストレス反

144

応はおきません。どうやら「いやだな」と思うとストレス反応が強く現れるようです。

⑦ それでは、これから、ぞうのアリスの紙芝居を見ます。

⑧

紙芝居 森で動物たちが、かくれんぼして遊んでいました。ウサギさんが切り株に躓いて転びそうになったとき、前にいたキツネさんのしっぽを踏んづけてしまいました。

⑨

紙芝居 ウサギさんは、すぐに「ごめんなさい」とあやまりましたが、キツネさんは腹が立ったので、ウサギさんを叩いたり蹴ったりしました。

⑩

紙芝居 そこへぞうのアリスがやってきました。「ねえ、キツネさん。叩いたり、蹴ったりするしかないのかな？」と言いました。

⑪

紙芝居 キツネさんは、しばらく考えてみました。みんなも、一緒に考えて、キツネさんに教えてあげましょう。

145

⑫

紙芝居 考えたキツネさんは、「叩いてごめんなさい。痛いのをちょっと我慢して、『痛かったよ。これからは気をつけてね』と言葉にして言えばよかった」と言いました。横でぞうのアリスが「そうだね。そう考えるとケンカにならないね」とにこにこしながら言いました。それから、ウサギさんとキツネさんは仲良く遊びました。

このお話を見て、どの動物が印象に残りましたか？ それはなぜですか？（発表させる）

進行上のポイント

意見を出し合う中で、相手の立場を考える機会にします。

⑬ （発表の後）いろいろな意見がありましたね。では、キツネさんのストレスをみんなで考えてみましょう。

⑭ キツネさんのストレッサーは何だったと思いますか？

子どもたちの反応
＼しっぽを踏まれたこと／

そうですね。しっぽを踏まれたことですね。しっぽを踏まれて、キツネさんはどう思ったのでしょうか？

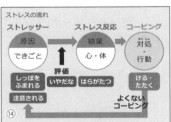

子どもたちの反応
＼いやだと思った／

いやだなと思いました。いやだなと思ったキツネさんのストレス反応は？

146

> **子どもたちの反応**
>
> ＼腹が立った／

そうでした。腹が立ちました。カラダも力が入っていたと思います。腹が立ったキツネさんは、どんな行動にでましたか？

> **子どもたちの反応**
>
> ＼ウサギさんを叩いたり蹴ったりした／

ウサギさんを叩いたり蹴ったりしました。この叩いたり蹴ったりした行動のことをコーピングと言います。別の言い方で対処と言います。暴力によるコーピングは、その場でのストレス反応は減ったとしても、暴力したことで周りの人から注意され、今度は注意されたことが新しいストレッサーになります。こうしてストレスがぐるぐる回ってしまうようなコーピングは、良くないコーピングと言います。キツネさんはぞうのアリスが来て別のコーピングを考えましたね。「ちょっと我慢して言葉で伝える」というコーピングは、喧嘩にならないやり方なので良いコーピングと言います。

⑮ 他に腹が立ったとき、暴力以外のコーピングがあることを知っておきましょう。
　＊キツネさんが考えた「言葉で気持ちを伝えるやり方」がありました。
　＊喧嘩しそうな場所から、離れて気持ちを落ちつかせるやり方があります。
　＊1・2・3・4・5と数を数えて気持ちを落ちつかせるやり方があります。
　＊腹式呼吸をして気持ちを落ちつかせるやり方があります。
　＊誰かに話を聞いてもらうやり方があります。
　他にどんなことができるか、考えてみましょう。

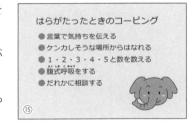

⑯ では、今日のまとめをします。
　ストレスには流れがあることを覚えておきましょう。いろんなできごとのことをストレッサーと言います。ストレッサーによって、体や心に変化がおきることをストレス反応と言います。自分自身の心身にストレス反応がおきていると気づいたら、ストレッサーは何だろうと考えることも大切です。

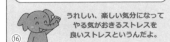

＊ぞうのアリスから「ストレスにはいろいろあって、うれしい、楽しい気分になってやる気がおきるストレスを、良いストレスと言うんだよ。」のメッセージが届いています。

⑰ それから、ストレッサーやストレス反応を弱めたり、なくすために考えたりすることをコーピングと言います。対処とも言います。

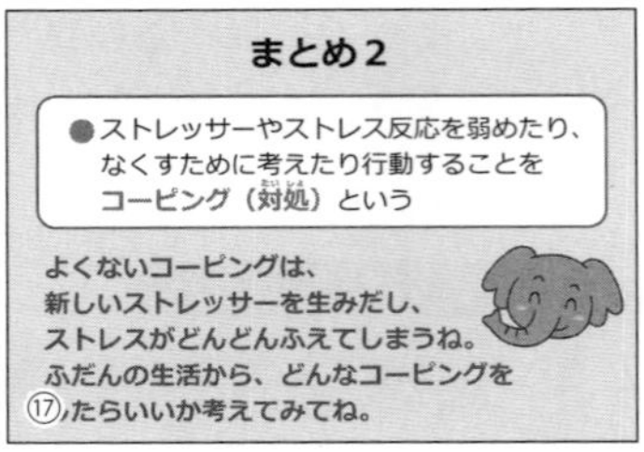

＊ぞうのアリスから、今度は「よくないコーピングは、新しいストレッサーを生みだしストレスがどんどんふえてしまうね。だからふだんの生活から、どんなコーピングをしたらいいか考えてみてね。」のメッセージが届いています。

アリスからのメッセージ、覚えてくださいね。これでストレスの流れの勉強を終わります。

まとめ2

● ストレッサーやストレス反応を弱めたり、なくすために考えたり行動することをコーピング（対処）という

よくないコーピングは、新しいストレッサーを生みだし、ストレスがどんどんふえてしまうね。ふだんの生活から、どんなコーピングを
⑰ したらいいか考えてみてね。

5. 評価

チェック欄

• ストレスには流れがあることを理解できたか。・・・・・・・・・・・・・・・・・・・・・・・・・・・・・・・・・ ☐

第5章　紙芝居「ぞうのアリス」を使ったストレスマネジメント教育

ぞうのアリス
⑤「わたしたちのソーシャルサポーター」

対象　低学年　中学年　高学年　中学生　高校生

1. ねらい

• 自分の周りには援助してくれる人がいることに気づく。
• ソーシャルサポートはストレスの発生を防ぐコーピングであることを知る。

2. 指導者の思い・児童生徒へ伝えたいこと

子どもたちはケガや体調が悪くなった友だちがいると「大丈夫？」「保健室にいこう」と声をかけながら一緒に保健室に来室することが多い。早退が判明すると一目散に帰りの準備まで手伝ってくれる。また運動会や水泳大会では「頑張れ」と声援する声が飛び交い、物がなくなれば一緒に探してくれる。私たちにとって、困ったとき、不安なとき、声をかけ、話を聞いてくれ励ましてくれる人がいることは心の安定に重要な役割を果たす。この教材では、援助を受けると心強く感じることに気づかせたい。またソーシャルサポートはストレスの発生を防いでくれるコーピングだと伝えたい。さらに「ぞうのアリス」はみんなのソーシャルサポート源であり、ストレスマネジメントを提案する立場として登場している。ぞうのアリスのように誰かの支えになりたいと望む子どもが増えてくれることを願っている。「ぞうのアリス」の『アリス』には子どもたちにストレスと上手くつきあっていく上で覚えてほしい思いをメッセージに込めた。

3. 準備するもの　　• ⊚ 5-5：パワーポイント教材

4. 指導の実際

① 今日は、私たちの大好きな「ぞうのアリス」についてお話しします。
「ぞうのアリス」はいつだって、私たちが困っているとき、悩んでいるとき、やさしく声をかけてくれ、話を聞いてくれます。ストレスについていろんなことを教えてくれます。
「ぞうのアリス」の側にいるだけで、不思議に心があたたかく、やさしい気持ちになるんです。

② クマさんが話していました。音楽会でリコーダーをふくのに、なかなか上手にいかなくて、泣きそうになっていたとき、ぞうのアリスが一緒に練習してくれて、いっぱい励ましてくれて、嬉しかったって。もちろん音楽会ではリコーダーも上手にできました。

タヌキさんが話していました。みんなの前で発表するときはドキドキするんだ。そんなとき、ぞうのアリスが気持ちを落ちつかせる腹式呼吸を教えてくれたって。タヌキさんは腹式呼吸の名人になりました。
キツネさんとウサギさんにも何かあったみたいですよ。どんなできごとがあったのか聞いてみましょう。

③ それでは今から「ぞうのアリス」の紙芝居でお話ししますね。

④

紙芝居　森で、動物たちがかくれんぼして遊んでいました。ウサギさんが切り株に躓いて転びそうになったとき、前にいたキツネさんのしっぽを踏んづけてしまいました。

⑤ ウサギさんはキツネさんのしっぽを踏んづけてしまったとき、心の中で「あ、しまった！ キツネさんは、いつもふさふさしたしっぽを、大切に抱いて寝ているのに、どうしよう」と思いました。

⑥ キツネさんは、今日は朝からイライラしていました。おかあさんには早くしなさい！ と言っておこられるし、学校では、テストの点が悪かったし、ずっとイライラしていました。そんなとき、ウサギさんにしっぽを踏まれてしまったのです。キツネさんはどうするのかな？ 紙芝居の続きを見ましょう。

⑦

> 紙芝居　ウサギさんは、すぐに「ごめんなさい」とあやまりましたが、キツネさんは腹が立ったので、ウサギさんを叩いたり蹴ったりしました。
> キツネさんはイライラをウサギさんへの暴力で解決しようとしました。

⑧

> 紙芝居　そこへぞうのアリスがやってきて「ねえ、キツネさん。叩いたり蹴ったりするしかないのかな？」と言いました。
> ウサギさんは、叩かれたり蹴られていたとき、痛くて怖くて不安でした。でもぞうのアリスが来てくれたので、ほっとして安心しました。
> キツネさんも、ぞうのアリスの声で、ウサギさんを叩いたり蹴ったりするのをやめました。
> でも、まだイライラがとれていなかったので、ぞうのアリスが「ゆっくり、呼吸してごらん」と話しかけてくれました。だんだん気持ちが落ちついてきました。

⑨
> 紙芝居　そして、キツネさんはしばらく考えてみました。みんなも一緒に考えてみましょう。さあ、キツネさんは、どう考えたのかな？

子どもたちの反応
＼叩いたり、蹴ったりしないで、ちゃんと言葉で言えばよかった／

⑩
> 紙芝居　考えたキツネさんは「叩いてごめんなさい。痛いのをちょっと我慢して、『痛かったよ。これからは気をつけてね』と言葉で言えば良かった」と言いました。横でぞうのアリスが「そうだね。そう考えるとケンカにならないね」とにこにこしながら言いました。それから、ウサギさんとキツネさんは仲良く遊びました。

キツネさんとウサギさんはうれしそうに言いました。「ぞうのアリスはわたしたちのソーシャルサポーターなんだ。」

⑪ みなさんは、困ったときや悩んでいるとき、不安なときに相談できる人がいますか？
　私たちの周りには、いつだって助けてくれたり、支えてくれる人がいます。このような助けてくれる人をソーシャルサポーターと言います。
　お父さん、お母さん、おじいちゃん、おばあちゃん、おじちゃん、おばちゃん、先生、お友だち、私たちの周りには、たくさんいます。病気になったとき看病してくれたり、大事な物をなくしたとき一緒に探してくれたり、わからない勉強を教えてくれたり、あなたを助けてくれる人はたくさんいます。
　あなたにとってサポートしてくれる人は誰ですか？　どんなことで、サポートしてもらっていると感じていますか？

子どもたちの反応
＼お母さん、毎日ごはんを作ってくれるから。洋服を洗ってくれる。相談にのってくれる。／

⑫ ソーシャルサポートはストレスの発生を防いでくれる役に立つコーピングです。
ストレッサーがあっても、誰かが問題を解決するやり方を教えてくれるとストレッサーは弱くなります。
励ましてくれたり、ストレッサーについて情報を教えてくれたら、ストレッサーの評価が変わります。
イライラや不安を聞いてくれたり、相談にのってくれると心が休まります。
いやな運動も一緒にやってくれると、楽しく続けられます。
ソーシャルサポートはコーピングの万能薬と呼ばれています。

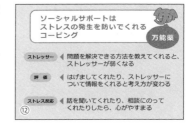

⑬ 「ぞうのアリス」のアリスの名前には「たのしくあそんで　リラックスすれば　ストレスはへるよ」のメッセージが込められていることを覚えておいてくださいね。

5. 評価

チェック欄

- 自分の周りに助けてくれる人がいることに気づくことができたか。 ………………… ☐

MEMO

◆参考文献

第2章 ●

1）ポール・スタラード著，下山晴彦監訳：子どもと若者のための認知行動療法ワークブック　上手に考え、気分はスッキリ，金剛出版，2006
2）大阪府立子どもライフサポートセンター，服部隆志，大対香奈子編：このまま使える！　子どもの対人関係を育てるSSTマニュアル　不登校・ひきこもりへの実践にもとづくトレーニング，ミネルヴァ書房，2014
3）A. フォーペル，E. シャープ著，戸田有一訳：子どもをキレさせないおとなが逆ギレしない対処法，北大路書房，2003
4）山中寛，冨永良喜：動作とイメージによるストレスマネジメント教育基礎編，北大路書房，2000
5）藤原忠雄：学校で使える5つのリラクセーション技法，38-49，ほんの森出版，2006
6）竹中晃二，冨永良喜：日常生活・災害ストレスマネジメント教育　教師とカウンセラーのためのガイドブック，17，サンライフ企画，2011
7）ストレスマネジメント教育実践研究会編：ストレスマネジメント フォ キッズ，東山書房，2003

第3章 ●

1）平木典子：子どものための自分の気持ちが言える技術，ＰＨＰ研究所，2009
2）ストレスマネジメント教育実践研究会編：ストレスマネジメント・テキスト，東山書房，2002
3）ストレスマネジメント教育実践研究会編：ストレスマネジメントワークブック，東山書房，2002
4）ストレスマネジメント教育実践研究会編：ストレスマネジメント フォ キッズ，東山書房，2003

第4章 ●

1）木田清公：イライラしたときの対処法を学ぶ，児童心理2月号，金子書房，2013
2）大阪府立子どもライフサポートセンター，服部隆志，大対香奈子編：このまま使える！　子どもの対人関係を育てるSSTマニュアル　不登校・ひきこもりへの実践にもとづくトレーニング，ミネルヴァ書房，2014
3）A. フォーペル，E. シャープ著，戸田有一訳：子どもをキレさせないおとなが逆ギレしない対処法，北大路書房，2003
4）嶋田洋徳，坂井秀俊，菅野純，山﨑茂雄：中学・高校で使える人間関係スキルアップ・ワークシート，学事出版，2010
5）田島美幸：考え方のクセとは何か？，こころの元気＋，地域精神保健福祉機構，2013年6月号
6）ストレスマネジメント教育実践研究会編：ストレスマネジメント・テキスト，東山書房，2002
7）ストレスマネジメント教育実践研究会編：ストレスマネジメントワークブック，東山書房，2002

第5章 ●

1）ストレスマネジメント教育実践研究会編：ストレスマネジメントフォキッズ，東山書房，2003

索　引

● あ ●

相手の顔を見ない　86
相手を否定した話し方　46
アクティベーション　63
アサーション　47
アサーティブ行動　58
あとでスッキリ法　82
あとでの対処法　82
あなたメッセージ　47
歩く　54

● い ●

怒り　89, 95
息を吐く練習　141
イケイケさん　108
いちず　101
言ったことば　85
居場所　32
イメージ・トレーニング　49
イメージ法　69
イライラ　17, 40, 74, 82, 89,
　97, 103
イライラによってしたこと
　82
イライラのもと　82
言われたことば　84

● う ●

ウォーキング　117
受け取り方　79
うっとうしい（うっとうしく）
　97
運動　110, 117

● お ●

おしゃべり　117
オセロ　101
落ち込み　95
落ちつきグッズ　41, 93
思い込み　101

● か ●

過換気症候群　29
過呼吸　29
数を数える　86
悲しい　74
悲しみ　23
ガマンする　110, 116
カラオケ　117
からかい　14
体を動かす方法　87
考え方のクセ　95
感情　95, 97
カンペキ　100

● き ●

気づき　36, 109
気分　78
気分転換　49
気分の変化　54, 57
気分不良　49
気持ち　97
キレたり何もしたくなくなる
　74
気をそらせる方法　86
筋弛緩法　40
緊張　65, 71

● く ●

グー・ストン　140
クタクタさん　108

● け ●

ゲーム　55
元気づけようとしてくれるタイ
　プ　75

● こ ●

行動　74
コーピング　17, 20, 21, 23, 24,
　35, 36, 54, 91, 105, 109, 110,
　112, 114, 121

相手から離れる、その場から
　離れる　21
体を動かす　18
気をそらせる　21
深呼吸　18, 21
　相談する　24
　人に相談する　18
心のストレス反応　17, 18, 20,
　21, 23, 24, 74
ココロの棚　39
心のつぶやき　97
心の中でがまんがまんと言う
　86
ココロの働き　37, 109
個人差　49
困っている子　26
ごめんさい　133

● さ ●

サイクリング　117
先読み　100
避ける　110, 116
サポーター　34
されたこと　84
さわやかな自己主張　46

● し ●

自我同一性　77
じぎゃく　101
自己主張　15, 58
自己批判　101
したこと　85
自分から人に相談する力　73
柔軟な考え方　95
10秒呼吸法　41, 93
ジョギング　117
白黒思考　101
深呼吸　41, 86
心身の成長　77

● す ●

スクールカウンセラー　24,
　75

索 引

STOP！ イライラ大作戦　41
STOP！ 大作戦　93
ストレス　90, 105, 110, 112,
　121
ストレス状態　59
ストレスの再生産　26, 27
ストレスの流れ　143
ストレス反応　27, 36, 79, 91,
　105, 110, 113
ストレスマネジメント　106,
　124
ストレッサー　17, 18, 20, 21,
　23, 24, 27, 36, 74, 77, 79, 82, 90,
　105, 110, 113
スポーツ　117
スポーツ競技　49

● せ ●

生活適応　14
セルフ・リラクセーション
　52
漸進的筋弛緩法　118
戦闘モード　91

● そ ●

相談　44
相談相手を持つ　110, 116
ぞうのアリス　124, 153
ソーシャルサポーター　149
ソーシャルサポート　32, 33,
　44, 117, 149
ソーシャルサポート源　124
ソーシャルサポート・ネット
　ワーク　34
そのときストップ法　82
そのときの対処法　82
その場所から離れる、その人か
　ら離れるという方法　86

● た ●

対処　36, 109
対処行動　14
対人関係　14
対立関係　58
立ち去る　41, 93
タヌキの呼吸法　139

ダンス　117

● な ●

何かに熱中する方法　87

● に ●

逃げる　110, 116
日記　44
認知的評価　36, 90, 109, 113
認知の修正　35

● ね ●

ネガティブ感情　95, 103

● は ●

話を聞いてくれるタイプ　75
話す　44
万能薬　153

● ひ ●

人に相談する方法　87
秘密の手紙　44
評価　36
表現　44
頻回来室　32

● ふ ●

不安　65, 71, 95
不安と緊張　51
深読み　101
副交感神経　71
腹式呼吸　37-39, 67, 139, 141
不定愁訴　14
振り返り　56
プルプル　42, 93
ブレインストーミング　112
プレッシャー　51

● へ ●

べき思考　100
ヘトヘトさん　108

● ほ ●

暴言　83
暴力　20, 83

● み ●

脈拍　66, 70

● む ●

ムカつく　89
ムカムカ　97, 103
無視　23

● め ●

目覚めの動作　71
メンタリスト　101

● も ●

ものの見方　77
ものの見方を変える　95
モヤモヤコップ　44

● や ●

役割演技　60

● よ ●

よいコーピング　110
よくないコーピング　18, 21,
　82
予想屋　100
予測　117
予測する　110, 116

● ら ●

ラクラクさん　108

● り ●

リラクセーション　35, 40, 64,
　65, 69, 72, 112, 117
リラックス　37, 38, 39, 42, 64,
　72
リラックスする方法　87

● ろ ●

ロールプレイ　131

● わ ●

わたしメッセージ　47
笑い　117
笑う　61

157

本書付録の DVD-ROM について

付録の DVD-ROM は、PC 閲覧用です。
DVD-ROM は、各章フォルダと動画フォルダで構成されています。

■各章フォルダには、各指導の「準備するもの」で、DVD-ROM のマークを付記した教材が収録されています。教材は各フォルダ内にパワーポイント、PDF ファイルで保存されています。
　※本教材のデータの一部は、B 4 判と A 3 判で作製されています。印刷時には原稿サイズを調整して印刷してください。

■動画フォルダ内の動画は、それぞれ第 1 章「ストレスってなに？」、第 3 章 4 「リラクセーションしてみよう」、第 4 章 5 「コーピングの宝箱」、第 5 章 3 「タヌキの呼吸法」のパワーポイント教材とハイパーリンクでつながっています。パワーポイント教材をお使いの PC にダウンロードして使用する場合や編集を加える際には、再度動画へのハイパーリンクの設定を行ってください。また、動画を単独で使用する場合は、各指導に掲載されているスキットをあわせてご活用ください。

【動作環境】
付録の DVD-ROM は、Windows 8 を搭載したパソコンで、Microsoft office 2016（Microsoft Power Point 2016）を使い、動作確認をしています。
付録の DVD-ROM には、Microsoft Power Point、PDF ファイルを収録しています。閲覧および加工（一部ファイルのみ）には、Microsoft Power Point 2007以降および Adobe Reader / Adobe Acrobat が必要となります。
＊ Windows の場合では、閲覧のみ可能な Power Point Viewer を、マイクロソフト社のウェブサイトより無償でダウンロードできます。
＊ Adobe Reader は、アドビシステム社のウェブサイトより無償でダウンロードできます。

【ご使用にあたって】
DVD-ROM に収録されたデータは、非営利の場合のみ使用できます。ただし、下記の禁止事項に該当する行為は禁じます。なお、DVD-ROM に収録されたデータの著作権、また使用を許諾する権利は、本書編著者・株式会社東山書房が有するものとします。

【禁止事項】
• 本製品中に含まれているデータを本製品から分離または複製して、独立の取引対象として販売、賃貸、無償配布、貸与などをしたり、インターネットのホームページなどの公衆送信を利用して頒布（販売、無料配布、貸与など）することは営利・非営利を問わず禁止いたします。また、本製品販売の妨げになるような使用、公序良俗に反する目的での使用や名誉棄損、その他の法律に反する使用はできません。
• 以上のいずれかに違反された場合、弊社はいつでも使用を差し止めることができるものとします。

【免責】
• 弊社は、本製品に関していかなる保証も行いません。本製品の製造上の物理的な欠陥については、良品との交換以外の要求には応じられません。
• 本製品を使用した場合に発生したいかなる障害および事故等について、弊社は一切責任を負わないものとさせていただきます。
• DVD-ROM が入った袋を開封した場合には、上記内容等を承諾したものと判断させていただきます。

◆執筆者紹介

[編集代表]

大野太郎
大阪人間科学大学大学院人間科学研究科教授
【第1章、第3章2、6（共に共同執筆）】

PGSの4冊目のストレスマネジメント教育本。楽しく作らせていただきました。

[著　者]

小学校教員時代に実践したストレスマネジメント教育をもとに考えました。

木田清公
元滋賀県小学校教員
【第2章2～4、第3章5、第4章1】

古角好美
元大和大学保健医療学部看護学科教授
【第2章1、5、7、11～13、第3章1、2（共同執筆）、3、6（共同執筆）】

「教職実践演習」という科目の中で、2章の教材を使用して受講者が集団討論するための授業を構想しています。

フォキッズ本で紹介した「ぞうのアリス」の紙芝居から今回5つの内容を考えました。

前田ひろ美
元茨木市養護教諭
【第2章6、第5章】

村上久美子
東大寺学園中・高等学校養護教諭
【第2章8～10、第3章4、第4章2～5】

かめばかむほど味がでるスルメのようなストレスマネジメントの世界。一緒に味わってみましょう。

※所属は2023年3月現在

動画とパワーポイントですぐできる！

ストレスマネジメント　フォ ザ ネクスト

2017年 8 月 3 日 初版第 1 刷発行
2023年 4 月28日 2 版第 1 刷発行

編　者　　ストレスマネジメント教育実践研究会

編集代表　大野太郎

著　者　　木田清公　古角好美　前田ひろ美　村上久美子

デザイン・教材制作　　株式会社ひでみ企画

動画編集　株式会社ルーフ

発 行 者　山本敬一
発 行 所　株式会社 東山書房
　　　　　〒604-8454　京都市中京区西ノ京小堀池町8-2
　　　　　TEL：075-841-9278　FAX：075-822-0826

　　　　　〒162-0841　東京都新宿区払方町1-3
　　　　　TEL：03-5228-6311　FAX：03-5228-6300
　　　　　https://www.higashiyama.co.jp

印　　刷　　創栄図書印刷 株式会社

©2017 ストレスマネジメント教育実践研究会

Printed in Japan　ISBN 978-4-8278-1556-6

※本書の内容およびDVD-ROMのコピー、スキャン、デジタル化等の無断複写・複製は、著作権法上での例外を除き禁じられています。
※本書を代行業者等の第三者に依頼してスキャンやデジタル化することは、たとえ個人や家庭内の利用でも著作権法違反です。